NIKKEI BUNKO 日経文庫

考えをまとめる・伝える図解の技術

奥村隆一

日本経済新聞出版社

はじめに

パソコンやスマートフォンなどの情報通信機器の普及を背景に、私たちビジネスパーソンの仕事の進め方は大きく変化してきています。また、その中でビジネス情報の取り扱い方も変質しました。

10年ほど前までは、仕事を進める際には「情報を収集する」ことに、それなりの手間がかかっていました。しかし今や、あふれる情報の中から価値のある情報を見つけるために、むしろ不要な「情報を捨てる」ことに大きな手間がかかっています。人が処理できる情報の量やスピードは限られているのに、普通に日常生活を送っているだけでも、それをはるかに超える量の情報が流れ込んできてしまうためです。膨大な情報の洪水の中でおぼれないように泳ぎ切る術が、私たちには求められていると言えます。

処理すべき情報の量があまりに増えすぎると、人は論理的にではなく、感覚的にそれらを取捨選択してしまいがちです。すると本当に必要な情報をとりこぼすことにもつながります。また、今日は体系的な情報よりも、むしろインターネットのように、文脈が明確でない「単体の情報」「断片的な情報」が私たちを覆っています。

このような中では、バラバラの情報を束ねて1つの意味を紡ぎだすスキルが重要になります。言い換えれば、個別の情報を編集し、構成する能力が必要になる、ということです。

本書で図解の技術をご紹介するのは、図を活用すると、大量かつ断片的な情報の中から、自分の仕事に役立つ内容を取り出しやすいからです。これは図の「要約化」と「構造化」という2つの特性を活用しています。

図は文章よりも扱える情報が少ないですが、逆に言えば1枚の図に収めようとするとき、無駄な情報がそぎ落とされ、本質的なものが浮かび上がってきます。また、図を描くには、図を構成する要素の関係性を意識せざるを得ず、各々の要素を並べたり、組み合わせたりすることで1つの構造ができあがるのです。

私は、社内の若手研究員や研修生、あるいは他社の社員や自治体の職員などに対して、図解による思考整理技術を教える機会がありますが、人に何かを見せるためには図解を使っても、自分の考えを整理し、問題解決などにつなげるためにはあまり使わないビジネスパーソンが意外にも多いようです。

しかし図は、自分の頭の中の情報を交通整理し、新しいアイデアを生み出したり、問題を解決したり、決断したり、交渉相手に働きかける方法や内容を考えたり、効果的なプレゼン内容を検討したりする際にも、とても役に立つ道具です。

そこで本書では、発想力、問題解決力、意思決定力、交渉力、プレゼンテーション力という、ビジネスパーソンに求められる基本的な能力を図解によって高める方法についてご紹介することにしました。自分の頭の中を整理する技術から、相手に働きかける技術へと章立てをしていますが、関心のあるテーマからお読みいただいてももちろん結構です。

本書が皆様のお仕事に役立つことを願っています。

2011年5月

奥村　隆一

考えをまとめる・伝える 図解の技術――【目次】

はじめに――3

【I】仕事力を高める6つの図解術――13

1 図解で高まる仕事力――14

2 ツリー図を使いこなす――18
(1) ツリー図の特徴と効果 18
(2) ツリー図の描き方 19

3 マトリクス図を使いこなす――22
(1) マトリクス図の特徴と効果 22
(2) マトリクス図の描き方 23

4 ベン図を使いこなす――26
(1) ベン図の特徴と効果 26
(2) ベン図の描き方 28

5 フロー図を使いこなす――31

(1)　フロー図の特徴と効果　31　(2)　フロー図の描き方　32
6　点グラフを使いこなす――35
(1)　点グラフの特徴と効果　35　(2)　点グラフの描き方　36
7　4色マップを使いこなす――39
(1)　4色マップの特徴と効果　39　(2)　4色マップの描き方　40

[Ⅱ]　発想力を高める――45
1　発想力を高めるポイント――46
(1)　「新たな発想」は難しくない　46　(2)　発想力とは「思考のやわらかさ」　47
2　異なるものを結び付ける［発想マトリクス図］――50
(1)　「編集」と「構想」　50　(2)　発想マトリクス図の描き方　50
(3)　【演習例題】新しい旅行商品を企画する　55
3　既存のものにひねりを加える［発想ツリー図］――59
(1)　問題改善型の発想　59　(2)　発想ツリー図の描き方　60
(3)　【演習例題】低価格の理髪チェーンに打ち勝つには？　64

4　根本から問い直す［発想フロー図］――67
(1)「差別化」ではなく「独創化」　67
(2) 発想フロー図の描き方　68
(3)【演習例題】運送会社の経営を改善する新事業を考える　71

［Ⅲ］問題解決力を高める――75

1　問題解決力を高めるポイント――76
(1) 仕事とは問題解決の連続　76
(2) 判断・分析・予測――多様な思考の総合活用　76
2　分ければ分かる［問題解決ツリー図］――80
(1) 問題を小分けにする　80
(2) 問題解決ツリー図の描き方　81
(3)【演習例題】コーヒーショップの売り上げを伸ばすには？　83
3　原因を突き止める［問題解決フロー図］――87
(1) 問題を正確に捉える　87
(2) 問題解決フロー図の描き方　88
(3)【演習例題】期限内に調査を完了させるには？　91
4　対立する視点を統合する［問題解決ベン図］――96
(1) 対立する主張の両立　96
(2) 問題解決ベン図の描き方　96

(3) 【演習例題】開発担当と販売担当の対立を解消するには? 99

【Ⅳ】意思決定力を高める――103

1 意思決定力を高めるポイント――104
(1) ビジネスとは決断の連続 104
(2) 「選択肢の明確化」と「判断軸の設定」 105

2 最適解を選ぶ[意思決定マトリクス図]――108
(1) 目的達成の手段は1つではない 108
(2) 意思決定マトリクス図の描き方 109
(3) 【演習例題】より効果的なPRの方法は? 112

3 客観性の高い解を見つける[意思決定点グラフ]――116
(1) 判断を「数量化」する 116
(2) 意思決定点グラフの描き方 116
(3) 【演習例題】有望な進出先を見つける 120

4 シナリオを〝見える化〟する[意思決定4色マップ]――124
(1) 「背景」と「影響」の視覚化 124
(2) 意思決定4色マップの描き方 125
(3) 【演習例題】中国の工場を維持すべきか、撤退すべきか? 129

［Ⅴ］交渉力を高める――――135
1　交渉力を高めるポイント――――136
(1)　意向のギャップを埋める　136
(2)　ギャップの内容を明らかにする　137
2　複数の選択肢を提示する［交渉4色マップ］――――140
(1)　相手に選ばせる　140
(2)　交渉4色マップの描き方　140
(3)　【演習例題】アパレルメーカーとの直接交渉による仕入れルートの開拓　144
3　新たな落としどころを見つける［交渉フロー図］――――148
(1)　争点をずらす　148
(2)　交渉フロー図の描き方　149
(3)　【演習例題】追加作業の費用を請求する　153
4　共通の利益を見つける［交渉ベン図］――――157
(1)　利害が一致する点から話し合う　157
(2)　交渉ベン図の描き方　158
(3)　【演習例題】下請け先の増額要求にいかに対処するか　163

〔Ⅵ〕プレゼンテーション力を高める――169

1　プレゼンテーション力を高めるポイント――170
(1)　4つの能力を総合する　170
(2)　悩みごと・困りごとに着目　171

2　数値で説得力を高める〔プレゼン点グラフ〕――174
(1)　定量データを示す　174
(2)　プレゼン点グラフの描き方　174
(3)　【演習例題】複合コピー機のリース導入を売り込む　179

3　「要素」と「関係」を整理する〔プレゼン4色マップ〕――183
(1)　「メッセージ」「必要性」「メリット」　183
(2)　プレゼン4色マップの描き方　184
(3)　【演習例題】ホテル前に高速バスの停留所を設置するには？　187

4　ポイントを浮き彫りにする〔プレゼンマトリクス図〕――192
(1)　未開拓の領域に注目させる　192
(2)　プレゼンマトリクス図の描き方　193
(3)　【演習例題】アジア向け不動産開発の新事業を提案する　196

［I］

仕事力を高める6つの図解術

1　図解で高まる仕事力

私たちは仕事を進める上でいろいろな能力を必要としています。そして、顧客、上司、部下などとスムーズな関係を築きながら、与えられた業務を進めて期待される成果を出すには、いかなる業種、業態、部署、役職であっても、求められる基本的な能力はほぼ共通しています。それは、「発想力」「問題解決力」「意思決定力」「交渉力」「プレゼンテーション力」の５つです。

経営層は言うに及ばず、若手や新人のビジネスパーソンであっても、これらの力は常日頃から使っています。たとえば、あなたが企画部門や開発部門に配属されているのであれば、新しい商品の企画を考えているかもしれませんし、営業職なら効果的な売り込み方を、また、事務職であ

求められる5つの基本的な能力

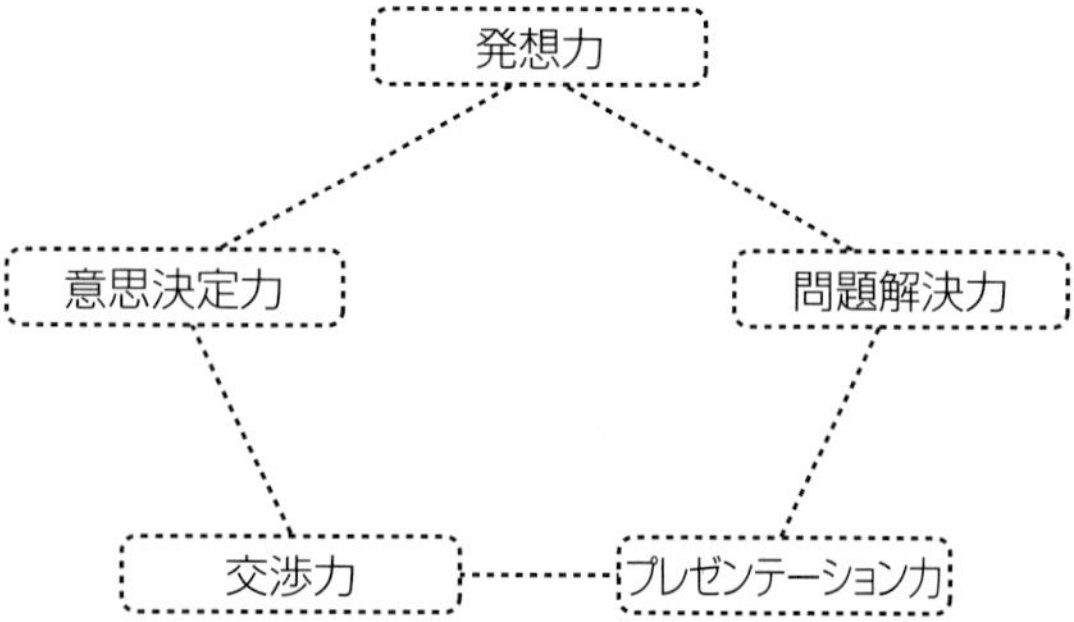

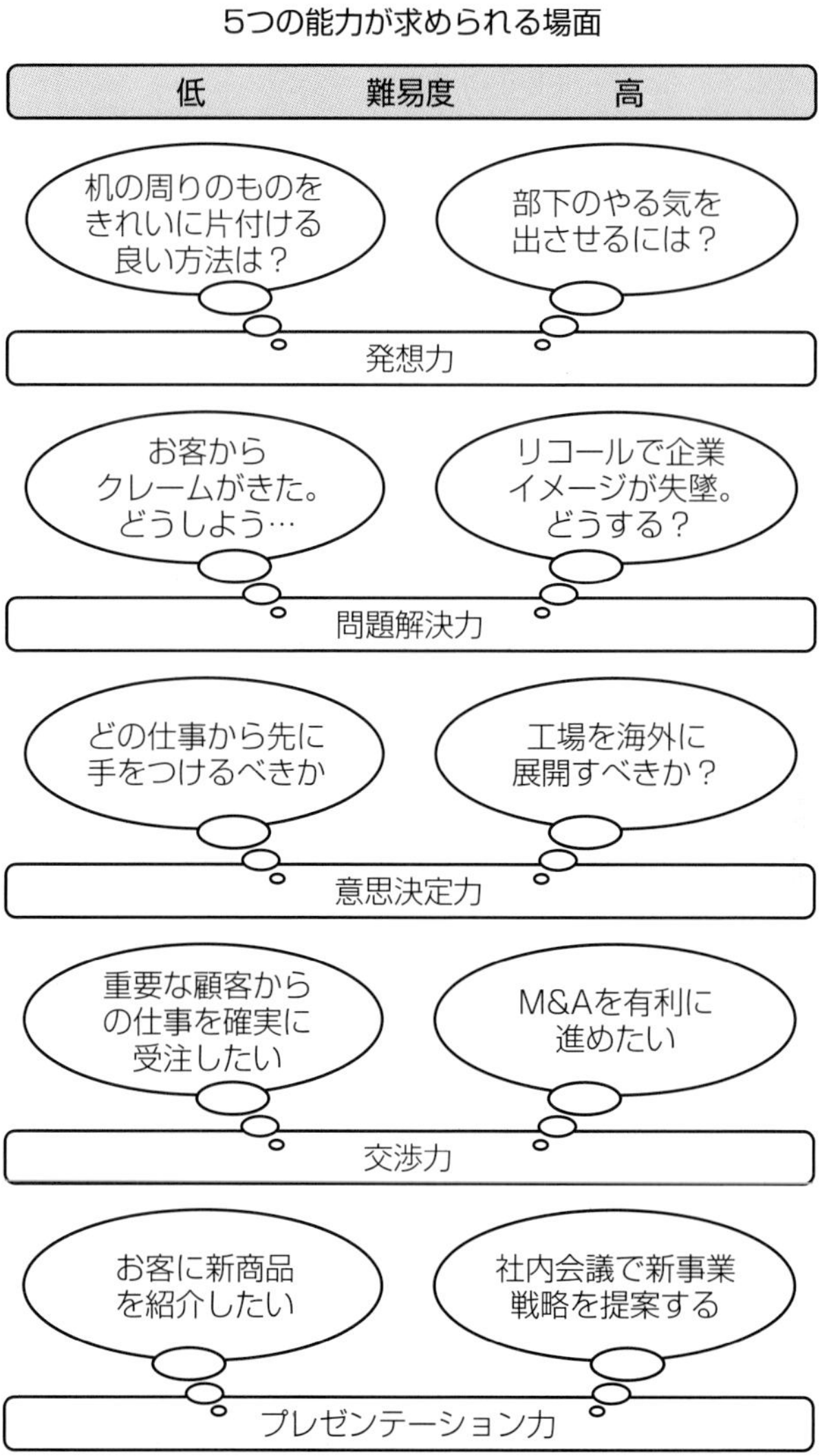
5つの能力が求められる場面
低
難易度
高
机の周りのものをきれいに片付ける良い方法は？
部下のやる気を出させるには？
発想力
お客からクレームがきた。どうしよう…
リコールで企業イメージが失墜。どうする？
問題解決力
どの仕事から先に手をつけるべきか
工場を海外に展開すべきか？
意思決定力
重要な顧客からの仕事を確実に受注したい
M&Aを有利に進めたい
交渉力
お客に新商品を紹介したい
社内会議で新事業戦略を提案する
プレゼンテーション力

れば、効率的な処理の仕方を工夫することもあるでしょう。このようなときには「発想力」を用いています。

また、「意思決定力」というと大仰に思われるかもしれませんが、外注先をどこにするか、あるいは仕事以外でも、昼食のためにどの店に入るかを考えるときなどにも、この力を活用しています。派遣社員やアルバイトにうまく仕事を任せるために、あるいは顧客から新規の契約をとるために、「交渉力」や「プレゼンテーション力」を活用する場合もあるでしょう。

多くのビジネスパーソンにとって、仕事を手早く、しかも効果的に行うためには、この5つの基本的な能力を高めることが大切なのですが、簡単に身につくものではないことも確かです。数多くの仕事を経験する中で、あるいは先輩や上司から学びながら少しずつ高めていっているのが、多くのビジネスパーソンの実情でしょう。

しかし、これらの能力を使う局面で図を描くようにすると、短期間で能力を向上させやすくなります。「図」は単に相手に分かりやすく伝えるという働きばかりでなく、頭の中の情報を整理し、編集し、役立つ情報を創り出す強力なアイテムだからです。頭の中で漫然と考えるのと、図を使って考えるのとでは、「はだしで泥道を走る」ことと、「整備された陸上トラックをスパイクを履いて走る」ことくらいの違いがあります。

5つの能力と図の組み合わせ

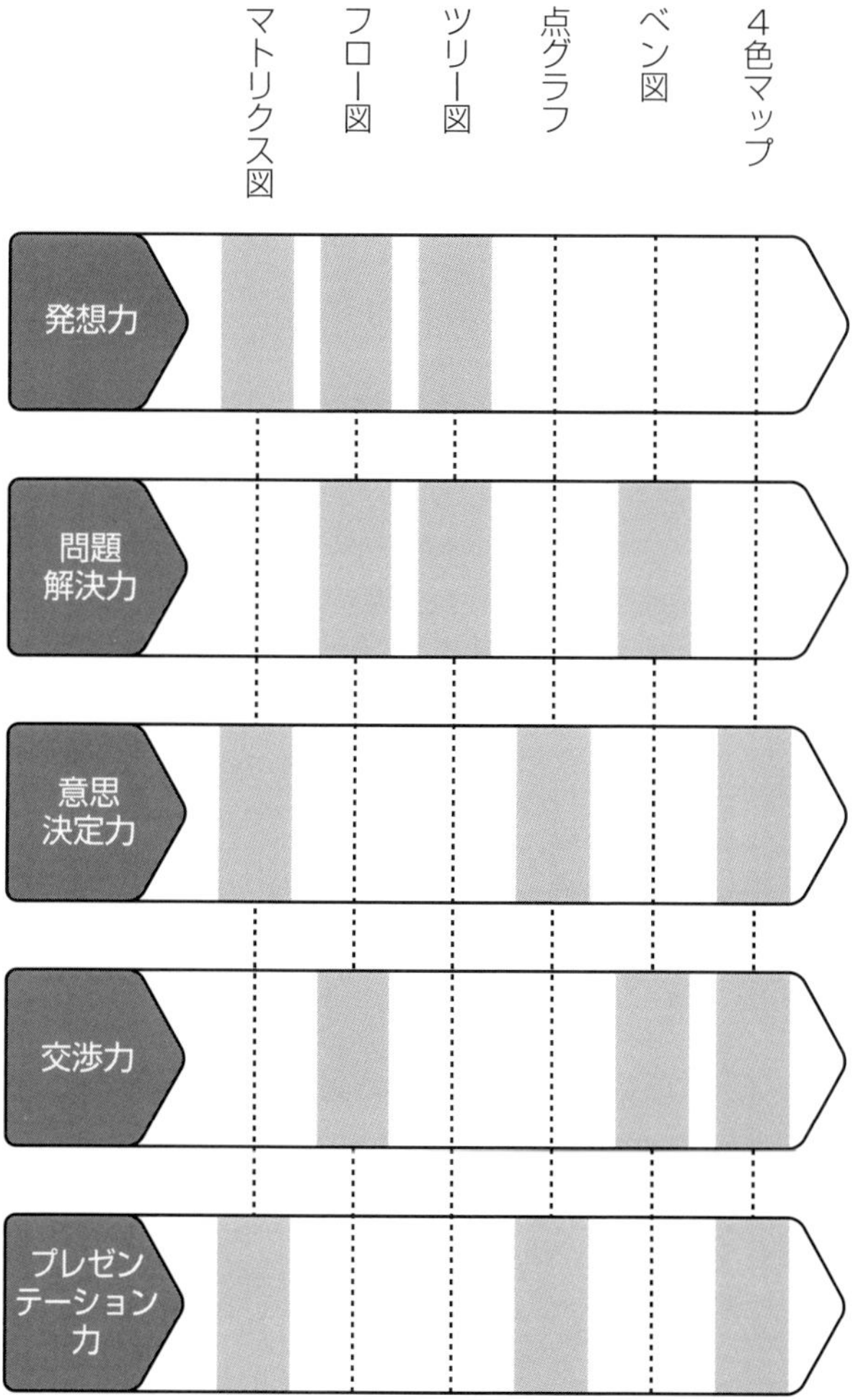
マトリクス図
フロー図
ツリー図
点グラフ
ベン図
4色マップ
発想力
問題解決力
意思決定力
交渉力
プレゼンテーション力

本書は、ビジネスパーソンに求められる基本的な能力である「発想力」「問題解決力」「意思決定力」「交渉力」「プレゼンテーション力」を身につけ、高めるツールとして、ツリー図、マトリクス図、ベン図、フロー図、点グラフ、4色マップという6つの図を活用する方法をご紹介します。

2　ツリー図を使いこなす

(1)　ツリー図の特徴と効果

ツリー図（樹形図）は1つの要素から木の枝のように分岐していく形の図解パターンです。通常、左から右、あるいは上から下へと枝を広げ、枝を広げる位置をそろえます。ツリー図を使う第一のメリットは、考えるべき事項をもれなく見つけやすい点にあります。数学の確率計算でツ

ツリー図のパターン

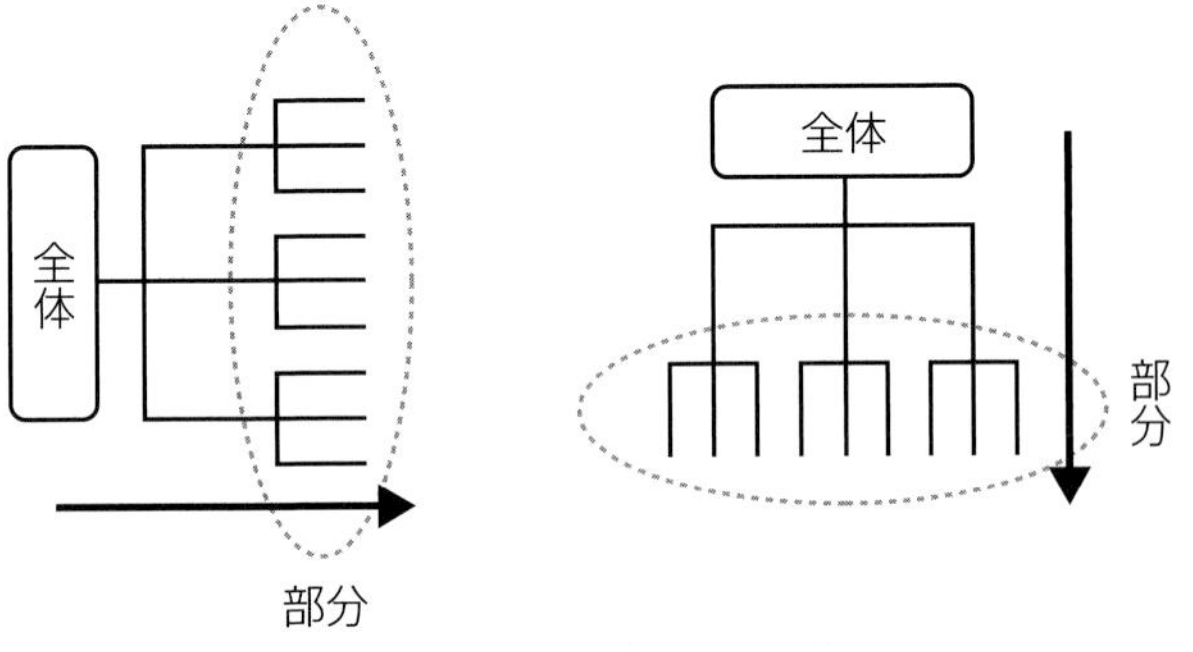

リー図がよく使われるのも、あらゆる場合を確実に探し出せるからです。もう１つのメリットは重複をなくせる点です。行うべき仕事を洗い出す際に、二重に挙げてしまっては都合がよくありません。この２つの効用は、一般にＭＥＣＥ《ミッシー》（Mutually Exclucive and Collective Exhaustive もれなくダブりなく）と呼ばれます。ツリー図は情報をＭＥＣＥに整理するのに最も適した図と言えます。また、後述のフロー図と同様、原因―結果、目的―手段、結論―根拠の関係を示すのにも適しています。

(2)　ツリー図の描き方

ツリー図は下の３つのステップで描くことができます。

・もれなく要素を列挙する

まず初めに、思い浮かぶ要素をすべて列挙します。細か

ツリー図の描き方

1. もれなく要素を列挙する
2. まとまりの大きさやレベル感などをチェックする
3. 図にして抜けを補う

対策として考えられること

- それぞれの作業の時間を見積もる
- 作業の順序を考える
- どの作業までが終わったかをチェックしながら進める
- 成果(何ができれば完了か)を考える
- 似た作業はまとめる
- 作業を中断させる行為(電話、メール、会議)は決まった時間にまとめて行う

いことでも重複していても、また順序も気にせず洗いざらい出すという意識を持つことが大切です。論理的な整合性を意識してしまうと、重要な要素が抜け落ちてしまう可能性があるからです。

たとえば、仕事を効率的に行うための対策として考えられることを列挙すると上のようになったとしましょう。

・まとまりの大きさやレベル感などをチェックする

これをいくつかのグループに分けてみます。グループに分けるときの留意点はまとまりの大きさ、レベルの統一感を意識することです。ただし、数学でツリー図を用いる場合ほど厳密である必要はありません。第三者が見て違和感を感じない程度であれば、実務上、問題はありません。この例では「事前準備」「実施時」「確認」の3つにまとめられました。

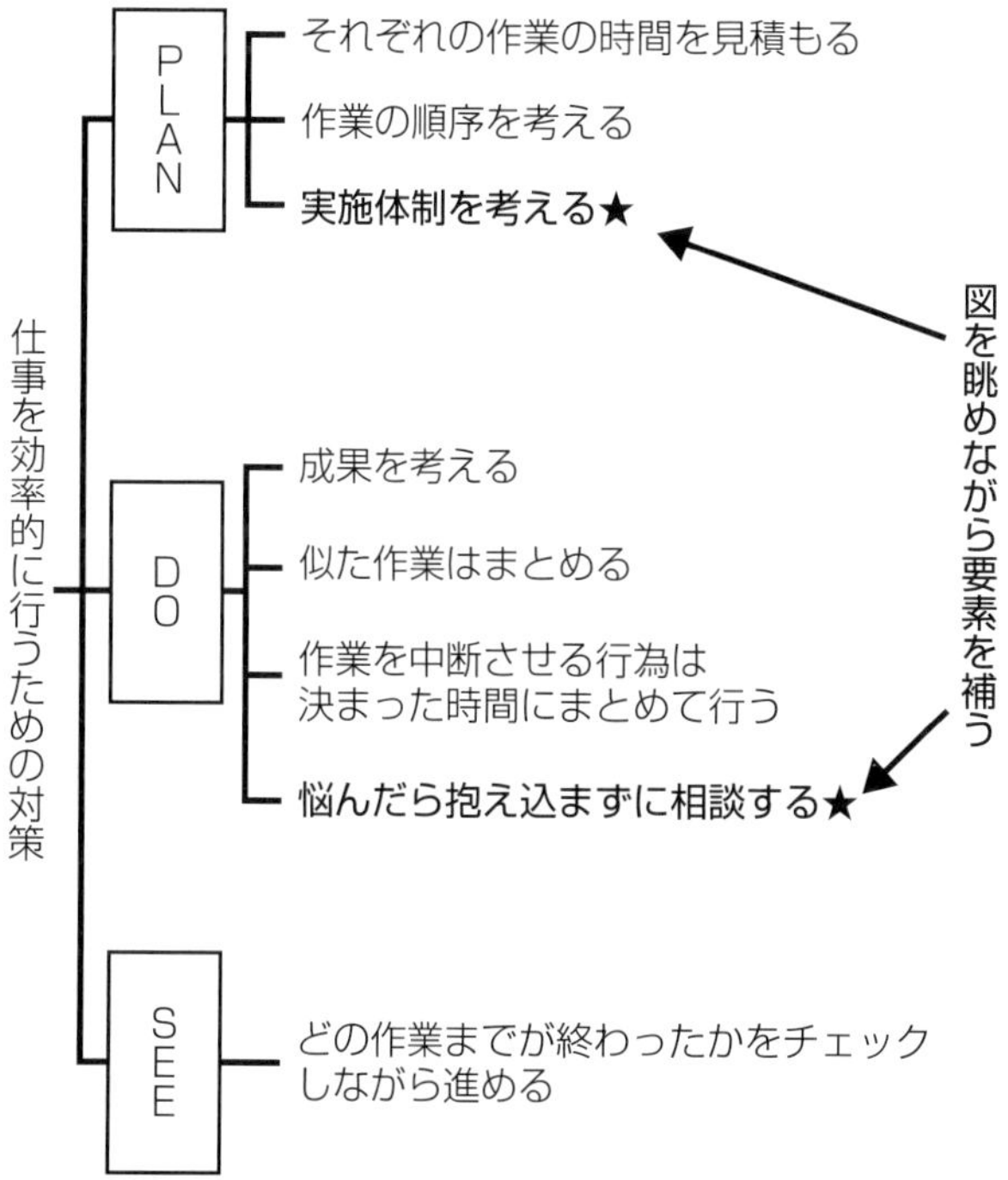
仕事を効率的に行うための対策
PLAN
それぞれの作業の時間を見積もる
作業の順序を考える
実施体制を考える★
DO
成果を考える
似た作業はまとめる
作業を中断させる行為は
決まった時間にまとめて行う
悩んだら抱え込まずに相談する★
SEE
どの作業までが終わったかをチェック
しながら進める
図を眺めながら要素を補う

・図にして抜けを補う

図に示すとまとまりのバランス、要素の抜けなどが見えてきますので、要素を補い、まとまりの大きさを見直します。整った情報は、図にしても整って見えるものです。この例では、PLAN（事前準備）→DO（実施時）→SEE（確認）のマネジメントサイクルに沿って、図に示された取り組みを1つひとつ行うことが、仕事を効率的に遂行する上で重要との示唆を得ました。

3　マトリクス図を使いこなす

(1)　マトリクス図の特徴と効果

マトリクスとは「表」のことであり、図解手法としての表を本書では「マトリクス図」と呼んでいます。マトリクス図には2つの使い方があります。1つは並列関係にある複数の要素をさまざまな視点で整理したものです。

たとえばコーンスープと味噌汁を「主な食材」「色」の視点で比較したマトリクス図が考えられます（下図）。

並列関係の要素を整理

	主な食材	色
コーンスープ	トウモロコシ	黄色
味噌汁	みそ	茶色

2つの視点で情報を整理

		スープ	
		器	道具
国	欧米	カップ	スプーン
	日本	お椀	はし

もう1つは、２つの視点で情報を整理したものです。たとえばスープを「器」と「道具」、国を「欧米」「日本」に分類整理した図が考えられます（前ページ下図）。

なお、本書では主に後者のマトリクス図を使います。

⑵ マトリクス図の描き方

マトリクス図は次の３つのステップで描くことができます。

・２つの視点を見つける

1番目は「２つの視点を見つける」ことです。これはマトリクス図を描く上で最も重要な作業です。あなたが考えるべき事柄に２つの方向から光を当てるイメージです。たとえば、「仕事がはかどらない」という状況に対処したいとき、この「はかどらない仕事」を、２つの異なる視点で

マトリクス図の描き方

1. 2つの視点を見つける
2. いくつかの項目に分ける
3. それぞれの項目で枠を分割した図を作成する

眺めてみるのです。補完関係にあるものや対《つい》になるものを探すのがポイントです。

このときの方法としては2つあります。第一は、一般に用いられている分類の型を当てはめる方法です。たとえば、「ヒト／モノ／カネ」「効率／効果」「量／質」などです。第二は、ある視点を見つけたらその視点のみでは整理がつかない面を探し、視点を作り出す方法です。

ここでは、後者の方法で考えてみます。たとえば「仕事」と一口に言っても、難しくやっかいなものもあれば、簡単ですぐに終わるものもあります。つまり「難易度」という視点が考えられます。一方、難しい仕事でも、過去に何度も経験したことであればこなしやすいですし、逆に簡単であってもまったく経験のない仕事であれば手がかかるでしょう。つまり、「経験の有無」というもう1つの視点が考えられます。

・いくつかの項目に分ける

2番目は視点・切り口を「いくつかの項目に分ける」ことです。それぞれの視点の項目の数は2つ以上であればいくつでもかまいません。ただし、マトリクス図が複雑になりすぎると、「一目で全体像をつかめる」という、図の長所が弱まってしまいますから、最大でも4つ以内に収めたほうがよいでしょう。

また、ツリー図と同様、項目間にもれとダブりがないかどうかを確認することも大切です。

はかどらない仕事を整理

		難易度	
		高い	低い
経験の有無	ある	この仕事に注力	合間に行う
	ない	上司に教えを請う	外注する

・それぞれの項目で枠を分割した図を作成する

３番目は「それぞれの項目で枠を分割した図を作成する」ことです。２つの視点のどちらを表頭、表側にするかは、あまり気にする必要はありませんが、項目数の多い視点を表頭側に持っていくのが一般的です。人間の目は上下の動きよりも左右の動きのほうが行いやすく、縦長より横長の図のほうが読みやすいからです。

先の例を図にすると次の4つ（＝2×2）のマスができ、それぞれの仕事のタイプに対応した対処法が見えてきました。難易度は高いが経験のある業務に注力し、難易度が高く経験のない業務は上司に教えを請うこと、また、難易度が低く経験のある業務はほかの業務の合間に行い、難易度が低く経験のない業務は外部の会社に任せることが考えられます。

このように、抱えている仕事の特性によってメリハリをつけて業務をこなしたほうがよさそうです。

4　ベン図を使いこなす

(1)　ベン図の特徴と効果

ベン図はその生みの親である数学者ジョン・ベンの名をとった図解方法のことです。最も基本となる形は1つの円の図です。

たとえば円の内側が「男」であれば外側は「女」というように、対の関係になります。円を描くことで平面を2つの領域に分け、ある要素とそれ以外の要素を視覚的に表現することができます。要素間の重なり合う関係を示すには、最も適した図と言えます。

また円を２つ、３つと増やすことで、さらに複雑な要素を表現することができます。たとえば「男」であって「子ども」でもある、すなわち２つの円が重なる領域には「男の子」が入ります。また、「男」「子ども」「ハンサム」の３つの円がすべて重なる領域には「ハンサムな男の子」が入ります。

　３つまでであれば複数の要素のすべての組み合わせを円で表せるので、とりこぼしなく要素の検討を行えます。つまり、ベン図の長所はすべての重なりの組み合わせをもれなく見つけられることにあります。

　ですから、２〜３程度の問題が重なり合って生じる影響、２〜３程度の手法を組

要素の重なり合う関係

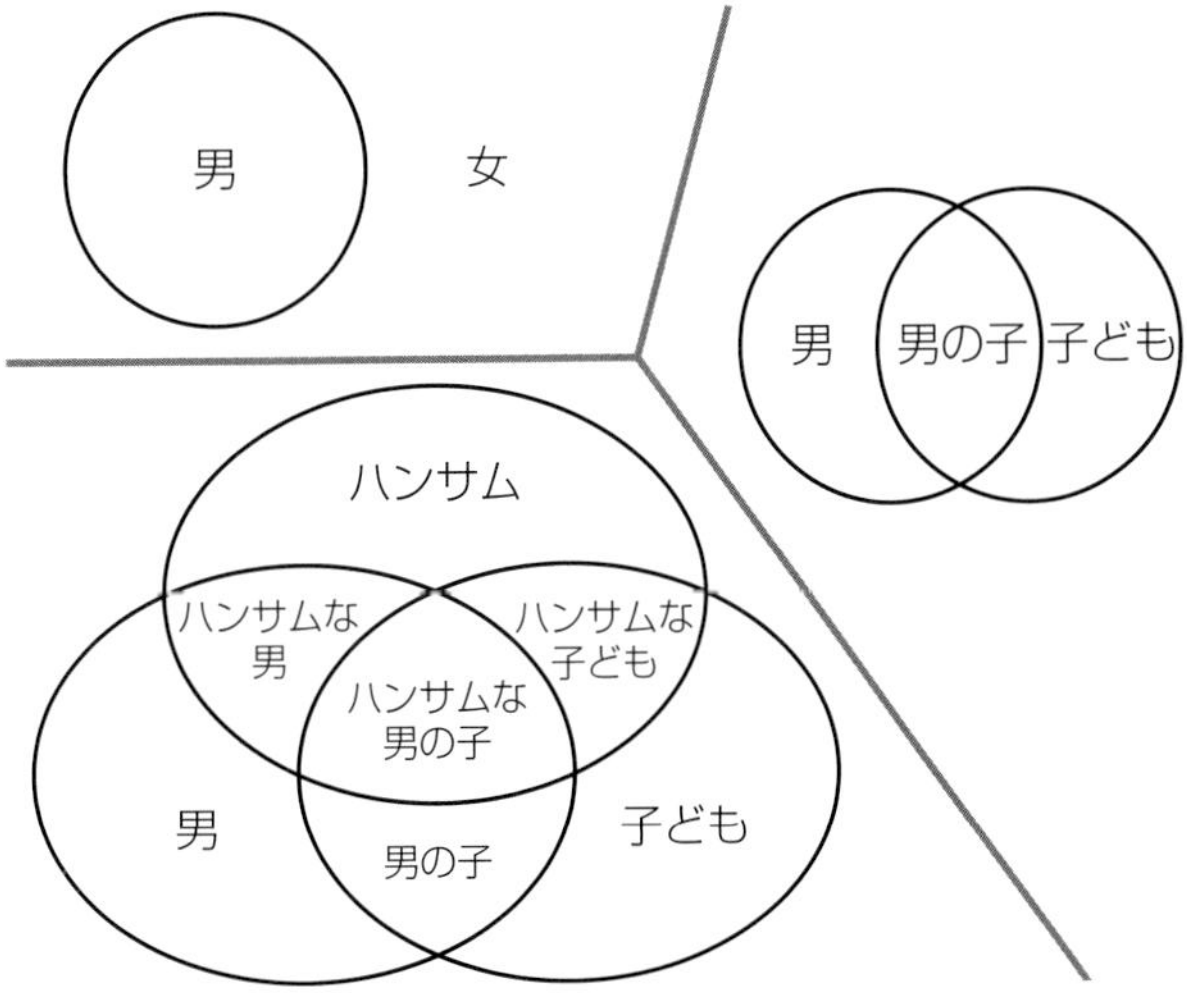
男
女
男
男の子
子ども
ハンサム
ハンサムな
男
ハンサムな
子ども
ハンサムな
男の子
男
男の子
子ども

み合わせて行う対策を検討することなどに適しています。また、１つの円の中にもう１つの円を入れることで包含関係を示すこともできます。

(2) ベン図の描き方

ベン図は次の３つのステップで描くことができます。

・２～３の視点を見つける

ベン図は「円」、つまり「要素」を重ね合わせることで新しい要素を作り出す図解手法とみなすことができます。したがって、重なり合う視点ないし切り口を見つけることが大切です。ただし、４つは円の重なりが多すぎて複雑になり、５つ以上はすべての組み合わせを表現できないため、最大３つまでにする必要があります（なお、本書では主に２つの円の活用方法をご紹介します）。

視点の見つけ方には主に３点の方法があります。第一

ベン図の描き方

1. 2～3の視点を見つける
2. 視点を円で表し、重ね合わせる
3. 区切られた領域に当てはまる要素を埋める

は、図で考えたいものの特徴、特性、性格、傾向を考える方法、第二は影響、効果、結果を考える方法、第三は原因、理由、背景、前提を考える方法です。

　たとえば「仕事がはかどらない」という状況の「原因」を考えてみると、「仕事の要領が悪い」「仕事の量が多い」「仕事の中身が難しい」の３つが出てきたとしましょう。これらが視点になります。３つの視点が出てきたらそれが同じ抽象度のレベル（たとえば「山」「川」「海」「琵琶湖」では、「琵琶湖」のみ抽象度のレベルが違う）になっているかを確認します。

・視点を円で表し、重ね合わせる

　次は、それぞれの視点を円で表し、図を

仕事がはかどらない要素

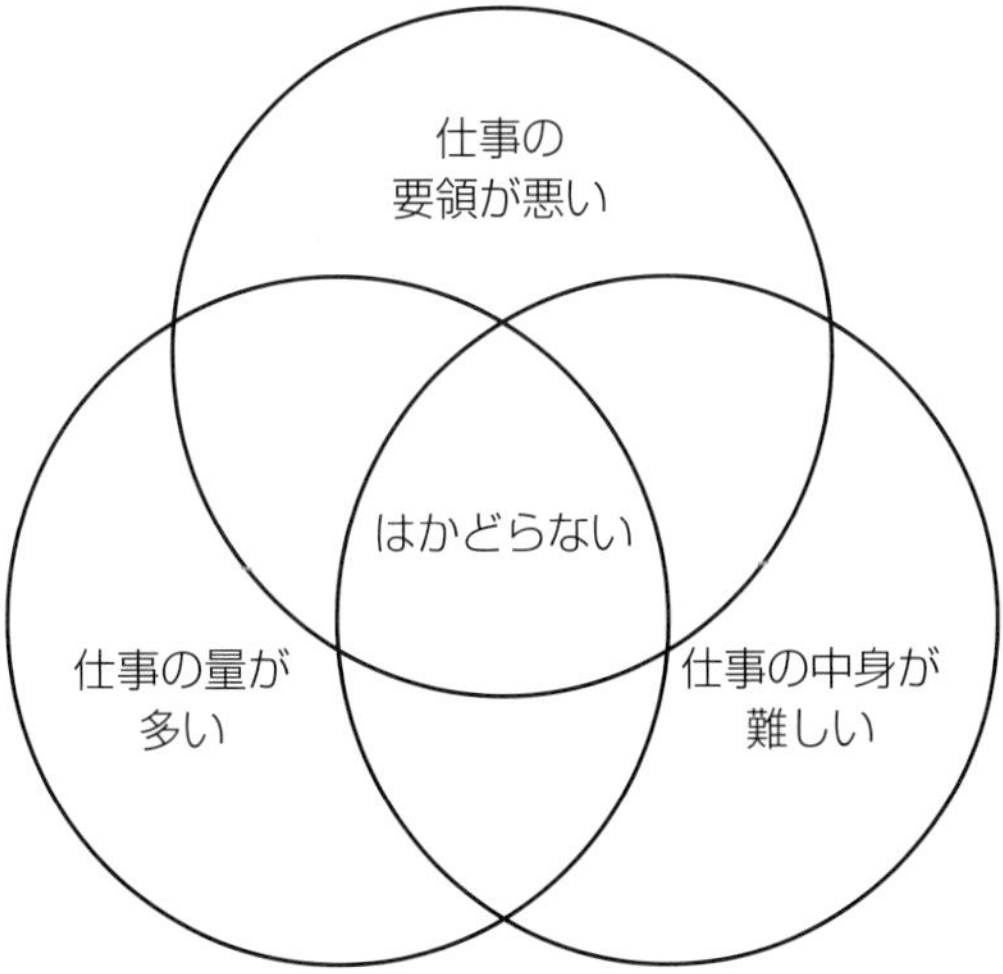

描きます。３つの円の重ね合わせ方としては、安定感がある山形の配置が一般的ですが、右か左に出す配置や逆三角形の配置を行う場合もあります。３つの円を組み合わせると７つの領域が生まれます。どれも同じ程度の面積になるよう円の重ね合わせ方を工夫します。

　下図のように、中央部には「仕事がはかどらない」が入ります。

・区切られた領域に当てはまる要素を埋める

　次に、１つひとつの区切られた領域に対し、対策を考えていきます。３つの円それぞれの領域に加え、重なり合う領域に何が入るのかを考えるのが、ベン図による思考

各領域の解決策の例

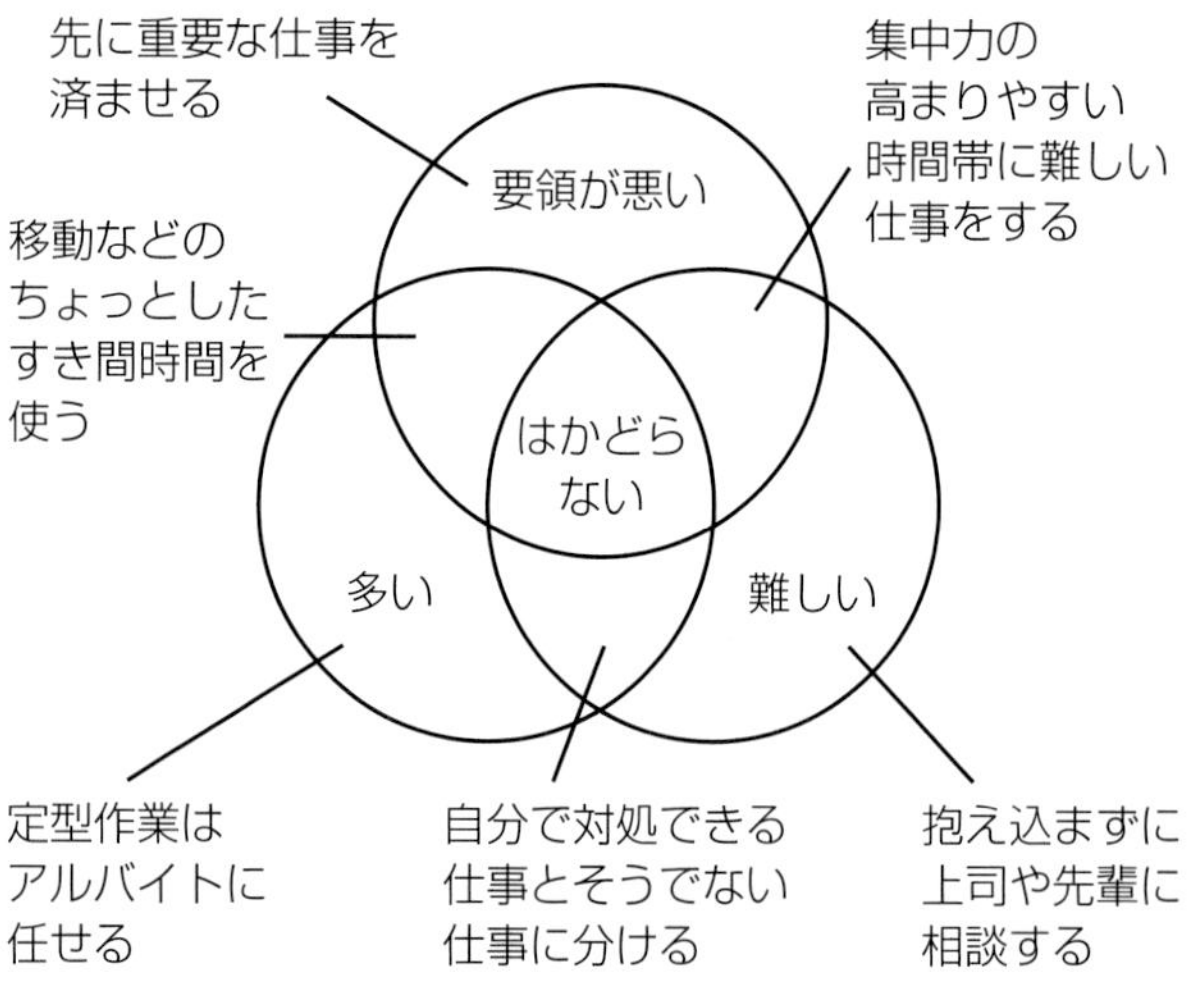
先に重要な仕事を
済ませる
集中力の
高まりやすい
時間帯に難しい
仕事をする
要領が悪い
移動などの
ちょっとした
すき間時間を
使う
はかどら
ない
多い
難しい
定型作業は
アルバイトに
任せる
自分で対処できる
仕事とそうでない
仕事に分ける
抱え込まずに
上司や先輩に
相談する

のポイントです。

区切られた領域に入る要素を考えることで、予想しない新たなアイデアを発見できる可能性があるからです。ただし、必ずしもすべての領域に要素が入るとは限りません。

この例では、図のように、６つの方法を思いつきました。

5　フロー図を使いこなす

(1)　フロー図の特徴と効果

「フロー（flow）」とは「液体状のものが流れる」ことを意味する言葉であり、転じて、業務の流れや情報の流れなどを視覚的に表現する図解手法をフロー図と呼んでいます。

流れを構成する要素にはさまざまなものがあります。業務の流れであれば、業務を構成する1つひとつの「作業」が要素になりますし、情報の流れであれば、情報を発信したり受け取ったりする「人」や「組織」、あるいは「装置」などが要素になります。

また、流れは単に順序関係を示すだけにとどまりません。原因↓結果、背景↓現状、行動↓結果、作用↓影響、根拠↓結論など、因果関係を示すこともできます。

フロー図の特徴は、一目で手順や行うべきことの要素が分かりやすく、また、要素と要素の間の関係が分かりやすい点にあります。

複雑な手順や工程、あるいは因果関係であっても、それらを視覚的に表現することで理解しやすくなります。また、頭の中でイメージしているだけであったり、言葉で伝えたりするだけだと、人によっては異なる理解をしてしまう恐れもありますが、図に示すことで一目瞭然となり、情報や認識のズレが少なく、共有しやすくなります。

(2) フロー図の描き方

フロー図は次の3つのステップで描くことができます。

・要素を洗い出す

流れを図で表すには「流れる要素」を特定することが大切です。フロー図は因果関係や順序関係を図で表現したも

フロー図の描き方

1 要素を洗い出す

2 矢印でつなぐ

3 抜けを埋める

のです。したがって、図解で頭を整理すべき事柄、たとえば問題となっていることの原因や背景となる要素、あるいは影響や効果となる要素、問題を構成している要素（ただし順序関係を示せるもの）などを列挙します。

たとえば先に述べた「仕事がはかどらない」という問題の原因を突き止めるなら、この問題の背景にあることや原因と思われるものを考えつく限り列挙します。この例であれば、「要領が悪い」「仕事が難しい」「仕事が多い」の３つが思い浮かんだとしましょう。

・矢印でつなぐ

次はそれらの要素を矢印でつなぎます。なお、要素の数は最大でも10～15程度の要素に抑えるようにすると一目で全体像がつかみやすくなります。また、上から下あるいは右から左など、矢印の向きを合わせるようにするとともに、矢印が交差しないよう配置します。

・抜けを埋める

そして、要素と要素をつないでいる矢印が適切であるかをチェックします。因果関係の図であれば矢印の起点となる要素が原因、終点となる要素が結果を表しているか、順序関係であれば、前と後の関係になっているかを精査します。また、矢印の向きは合っていても論理に飛躍を感じるようであれば、間に新たな要素を補います。必ずしも１つの要素に１つの要素が結び付くわけではありません。2つの支流から合流して1つの川になったり、1つの川が2つに分かれる場合もあるように、複数の要素から1つの要素、あるいは1つの要素から複数の要素に矢印がつながる可能性もあります。論理的に考えて、要素に抜けがないかを確認します。

さらに、因果関係を示すフロー図であれば、原因や背景の出発点となっている要素（矢印の起点）に着目

原因を探る

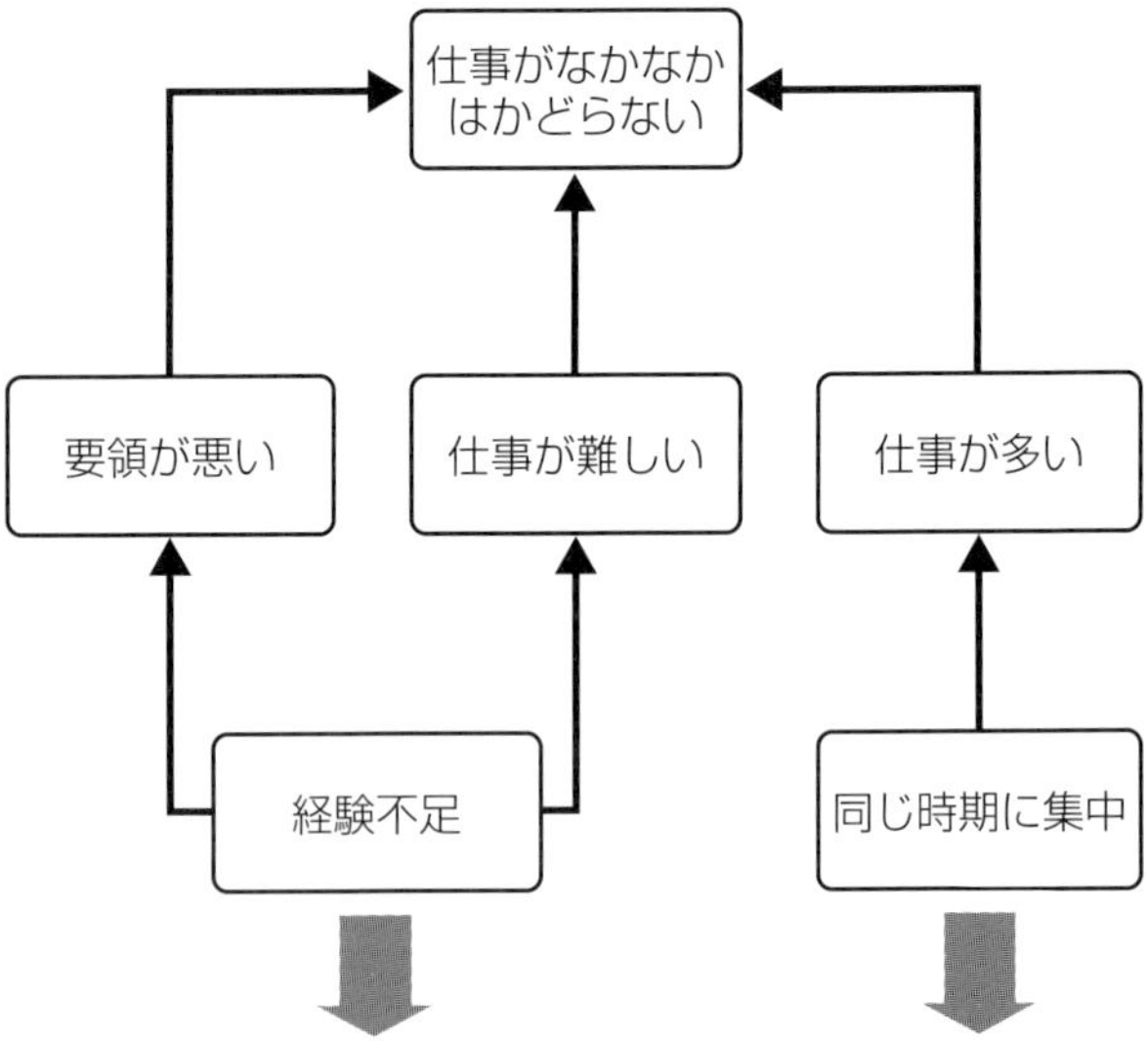

・特定の時期に1人に仕事が集中しないよう平準化
・経験のある仕事が多くできるよう、業務分担を見直す

し、さらにその原因や背景となる要素がないかどうかを考えるのも重要です。

たとえば先の例で言えば、「仕事が多い」の原因を考えた場合、必ずしも仕事の量が常に多いわけではなく、業務が集中するときもあれば、余裕のある時期もあることが分かったとします。そうであるならば、この原因には「同じ時期に集中」することがあると言えます。同様に「要領が悪い」「仕事が難しい」の原因には「経験不足」の仕事が割り振られていることがあるとしましょう。この場合、前ページのようなフロー図になります。

根本の原因には、「経験不足と時期の集中」の問題が見えてきました。特定の時期に１人の社員に仕事が集中しすぎないよう、平準化するとともに、十分に経験のある仕事が多くできるよう、業務分担を見直す必要がありそうです。

6　点グラフを使いこなす

⑴　点グラフの特徴と効果

点グラフは感覚的な情報を数値化することで客観性を高め、明確な判断を行うのにとくに適した図解手法です。横軸（x軸）と縦軸（y軸）という直角に交わる２つの軸をとるとともに、要素を点で表現します。要素を平面上に配置することで、要素間の関係は「上下左右の位置関係」で視覚的に表されるので、一目で要素同士の順序、優劣、優先順位などが分かりやすいという特徴があります。

そのため、順序や優先順位を検討したり、最適な解を探したり、要素間の関係性を客観的に把握したいときに、点グラフはとくに威力を発揮します。

(2) 点グラフの描き方

点グラフは次の3つのステップで描くことができます。

・要素を列挙する

1番目は「要素を列挙する」ことです。定量的に比較したい商品、人、情報などの要素を洗い出します。

たとえば、ある営業マンが、契約をとるべき案件が多すぎるため、どの顧客から優先してアプローチしていけばよ

要素の上下左右の位置関係

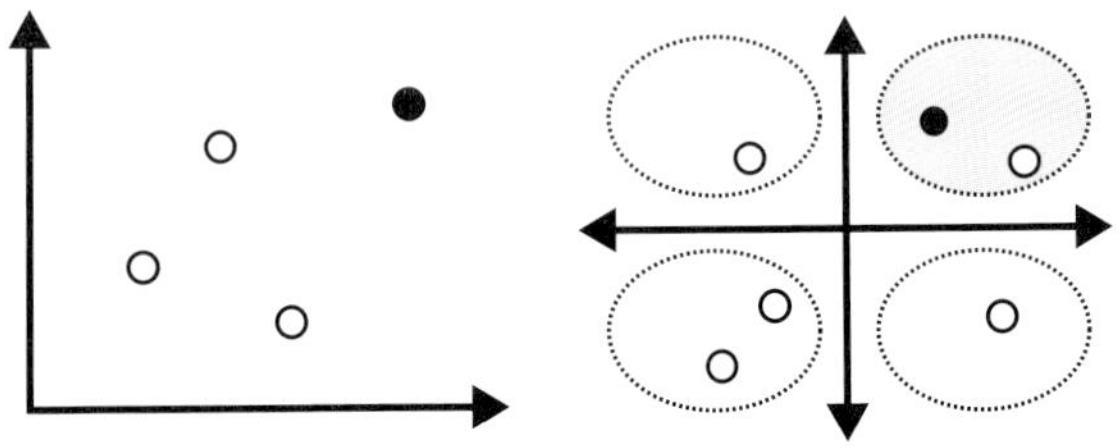

いか悩んでいるとしましょう。ここでは仕事の中での合理的な優先順位のつけ方が求められています。

そこで「仕事を効果的に行うにはどうしたらよいか」が、要素を抽出する視点となります。

営業マンにとっての仕事の「効果」は「営業成績」で示すことができるでしょう。言い換えれば、契約額の高い案件ほど効果が高いとみなすことができます。しかし、いくら契約額が高い案件でも、契約までに多くの労力をかけて何年もかかっていては仕事の効果は高いとは言えません。

そこでもう１つの要素として、契約までに要する業務時間が考えられます。

・数量で表せる2つの軸を探す

２番目は「数量で表せる２つの軸を探す」ことです。比較する目的に照らして、重要な視点を２つ抽出し、それらを数値で表現できる指標を探すステップです。この例で言

点グラフの描き方

1 要素を列挙する

2 数量で表せる2つの軸を探す

3 要素を数量化して配置する

えば、契約額と契約までの時間はどちらも数値化が可能ですので、これがそのまま点グラフの軸を構成する指標となります。つまり、今抱えている営業案件が10本であるとして、それぞれの「契約見込み額」と「契約までに要する見込み時間」が点グラフの2軸となります。

なお、契約に至らない場合もありますので、契約見込み額は、受注確率を掛け合わせた値とします。

・要素を数量化して配置する

3番目は「要素を数量化して配置する」ことです。横軸を時間、縦軸を契約額として8件の案件を平面上に乗せると図のようになったとしましょう。平均値を原点にし

点グラフの例

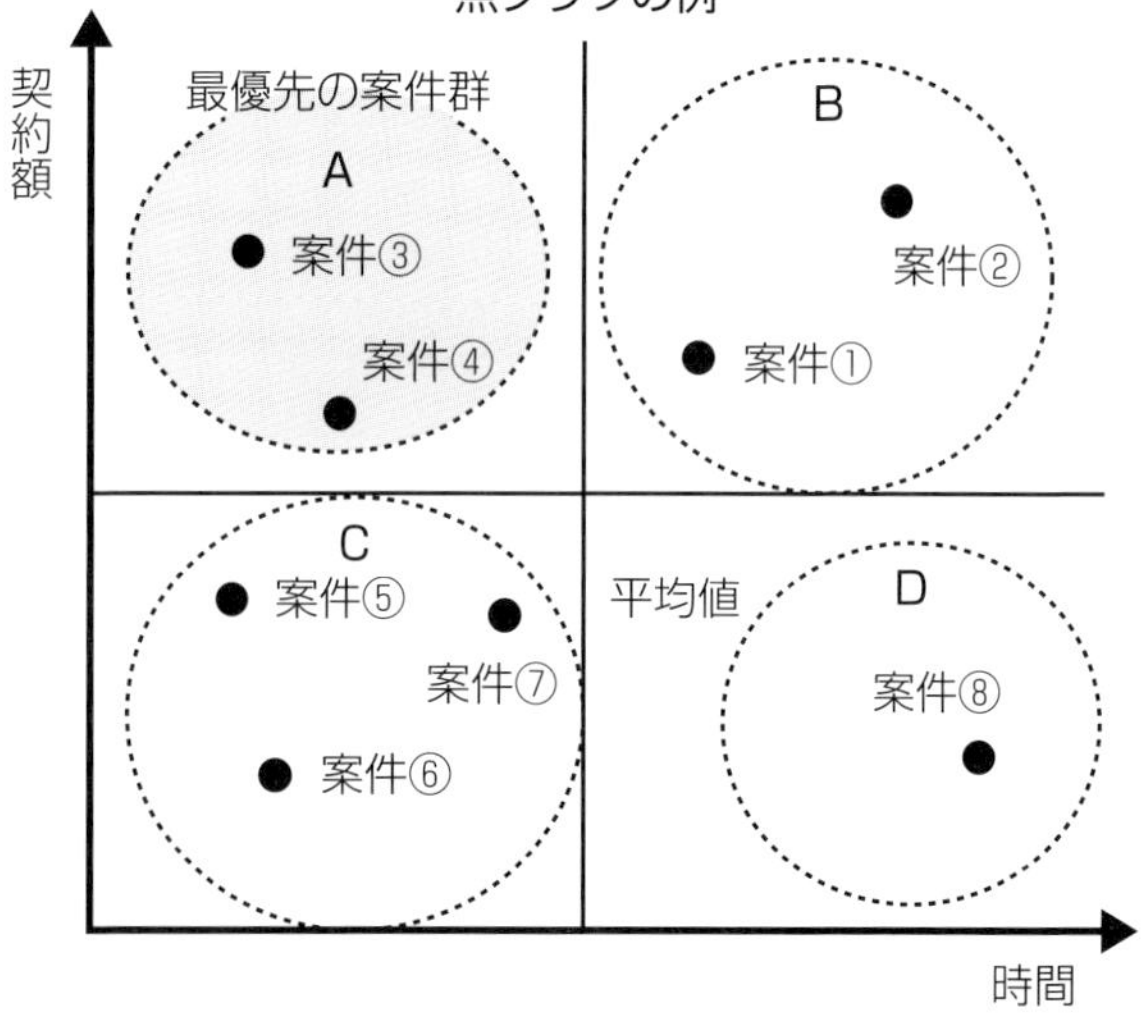
契約額
最優先の案件群
A
案件③
案件④
B
案件②
案件①
C
案件⑤
案件⑦
案件⑥
平均値
D
案件⑧
時間

て十字に区切るとＡ～Ｄの４つの領域が生まれます。Ａは時間が短く額が大きい案件群です。Ｂは時間が長く契約額が大きい案件群、Ｃは時間が短く契約額が小さい案件群、Ｄは時間が長く契約額が小さい案件群となります。したがって、Ａに含まれる案件を最優先に行うのがよいと判断できます。

7　４色マップを使いこなす

(1)　４色マップの特徴と効果

複雑な状況、改善したい状態、解決したい問題を頭の中で整理したり、人を説得したりアピールしたりするには、その目的によって、ここまでご紹介した５つの図が役に立ちます。あなたが置かれている状況や問題などを作り出している要素を体系的に示す場合には、ツリー図が向いています。その状況や問題をいくつかのパターンの中で位置づけたい場合には、マトリクス図が向いています。その状況や問題がなぜ生じるのか、あるいはそれがどのような問題を引き起こすのかを検討するには、フロー図が向いています。その状況や問題の特徴や傾向をつかむには、ベン図が向いています。その状況や問題を定量的に把握するなら点グラフが向いています。

　これらの図は目的が限定的ですが、次にご紹介する図は目的を限定せずに情報を視覚化するのに適しています。

　基本形は赤、青、黄、緑の4つの円を線でつないだ図です。状況や問題を記述する際に基本的な要素である主体（誰が）、行為（何をした）、背景（なぜ）、結果（どうなる）を色分けして図化したもので、本書ではこれを「4色マップ」と呼びます。

　色をつけることで一目でそれぞれの要素の違いやつながりが分かり、記憶にも定着させやすいという特徴があります。基本形は4つの円ですが、たとえば結果（緑）、行為（青）が複数になる場合や複数の基本形が組み合わさる場合もあります。

(2)　4色マップの描き方

4色マップの基本形

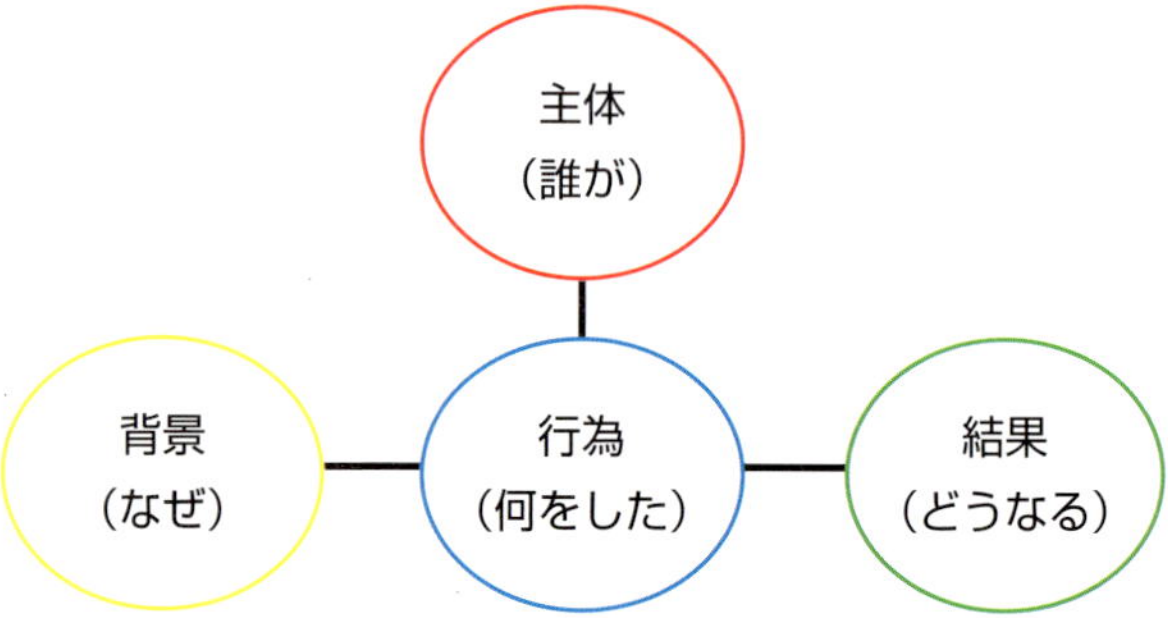

4色マップは次の3つのステップで描くことができます。

・4つの要素を挙げる

1番目は「4つの要素を挙げる」ことです。たとえば、あなたの仕事がはかどらない状況を図で表してみます。「誰が」は「あなた」、「何をした」は「仕事がはかどらない」であることは明らかです。また、「なぜ」については、「仕事の量が多い」ことと「仕事が難しい」ことの2つがあると考えました。また、「どうなる」は「帰りが遅くなる」こととしましょう。

・4つの円を描き、線でつなぐ

2番目は「4つの円を描き、線でつなぐ」ことです。それぞれの要素を色の円で囲み、線をつなげると次ページのようになります。赤い円は通常1つですが、その他の色の円は1つとは限りません。この例では黄の円は2つになり

4色マップの描き方

1 4つの要素を挙げる

2 4つの円を描き、線でつなぐ

3 一部の円から4つの円を派生させる

仕事がはかどらない状況を分析する

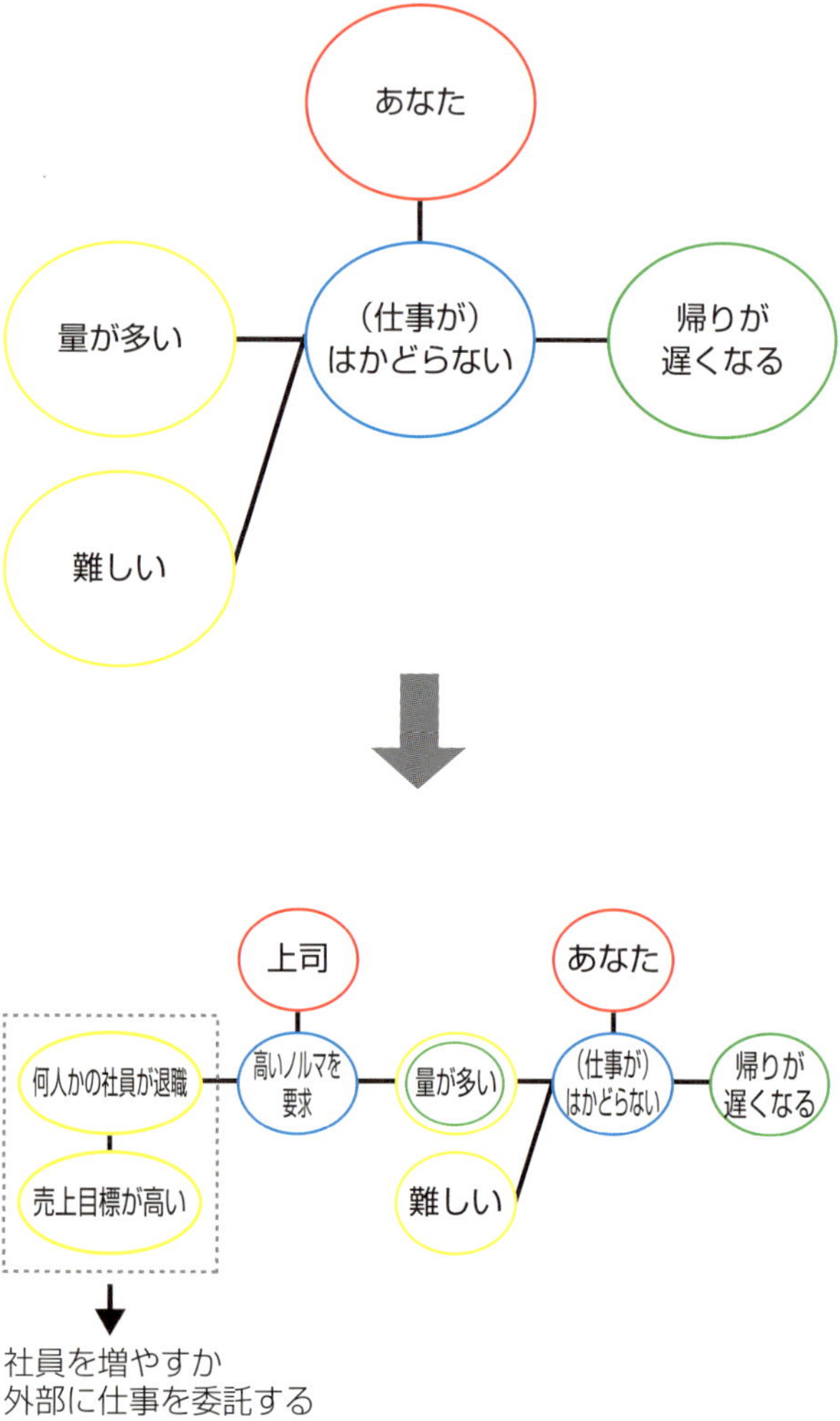
あなた
量が多い
(仕事が)
はかどらない
帰りが
遅くなる
難しい
上司
あなた
何人かの社員が退職
高いノルマを
要求
量が多い
(仕事が)
はかどらない
帰りが
遅くなる
売上目標が高い
難しい
社員を増やすか
外部に仕事を委託する

ました。

・一部の円から４つの円を派生させる

３番目は「一部の円から４つの円を派生させる」ことです。さらに状況を深く理解するために、円を派生させます。たとえば「量が多い」は「あなた」にとっては背景（＝黄）ですが、上司から見たときは結果（＝緑）になります。ここ最近、複数の社員が退職したにもかかわらず、組織の売上目標が高いままであり、あなたを含めた部下には高いノルマを課さざるを得ず、結果として１人ひとりの社員の仕事の量が増えてしまっていたと気づきました。

それならば、新しく社員を採用するか、外部に委託できる業務を外部化するなどして、退職した社員が担っていた業務を残っている社員に上乗せすることのない対応が必要なのかもしれません。

［II］

発想力を高める

1　発想力を高めるポイント

(1)　「新たな発想」は難しくない

私たちの毎日の業務は決められたことをこなすばかりではありません。ときには新たな商品を開発したり、新しい人事制度を導入したり、新しい販売促進策を考えたり、新しい事業を提案したり、といった創造的な作業を行うこともあります。日常の業務を少しでも効率的に行うための業務改善も創造的な作業の1つです。

働いている時間の中でこれらの作業が占めるウエイトはさほど大きくはないかもしれません。しかし、これまでのやり方とは違ったやり方を考えついたり、それを上司や顧客に提案していく作業こそ、あなたの仕事を一歩リードさせるための重要な要素になります。

仕事の中で必要な発想力とは、「世紀の大発明」を行う能力ではなく、ちょっとした工夫やアイデアのレベルであることがほとんどです。ただし、その「ちょっとした工夫」をいざ行おうとしたとき、柔軟な発想が出てくるかと言えば、それにはかなりの個人差があります。発想を生み出す頭の働かせ方が慣れている人にとっては何でもないかもしれませんが、大半の人は身構えれば身構えるほどアイデアが出てこなくなるものです。

(2) 発想力とは「思考のやわらかさ」

発想力とは「思考のやわらかさ」のことです。少し説明的に言うと、他人とは異なる視点でありながらも、一定程度の合理性を伴っている考え方を生み出す力のことです。

そして、新たな発想を生み出すポイントは、よく知っていることをまったく別の観点で眺める、見慣れないものをよく知っていることに置き換えて解釈する、あるものから別のものを連想する、などです。また、問題への感受性、思考のなめらかさ・やわらかさ・独自性、頭の中の情報を再構成する力、具現化する力などが重要との指摘も聞かれます。このように、新しい発想を生み出すためのヒントを示すことはできますが、発想には決まった型があるわけではありません。従来の規範や常識から逸脱する思考であり、逸脱の仕方は1つに定まらないからです。

とは言うものの、実際に新しい発想を生み出すためには、もう少し具体的な手法があるとよいものです。そこで次に3つの図解手法をご紹介します。これらの図解手法を使えばあなたの発想力をさらに高めることができるでしょう。

・異なるものを結び付ける「マトリクス図」

異なるものを結び付けて新しいものを生み出すには、「マトリクス図」が適しています。

マトリクス図は表頭と表側の2つの軸があり、それらが交差したところにマス目ができます。したがって、表頭と表側に異質な要素を掲げ、両者が交わるマス目の中に入れる情報を考えることで、これまでにないアイデアを生み出しやすくなります。

・既存のものにひねりを加える「ツリー図」

問題改善型の発想には「ツリー図」が適しています。既にあるものを徹底的に分析して、新しいものを生み出す方法です。元となるものと比較対象となるもう1つのものの間にある違いを洗い出し、その違いの中から新しいヒントを得ることができます。

ツリー図はもれなくダブりなく要素を列挙するのに向いているため、体系立てて既存のものをチェックしやすいのです。

・根本から問い直す「フロー図」

抜本的な発想の転換を行うには「フロー図」が適しています。要因にさかのぼって考えつめていくことで、これまでにないアイデアを生み出す方法です。既にあるものに内在している問題点や課題を探し出し、それを解決することが可能です。表面的な改良、改善とは異なるアイ

発想マトリクス図

ニーズ
機能
ニーズ×機能
ニーズと機能を満たすものを
考えることで、新しい発想を得る

発想ツリー図

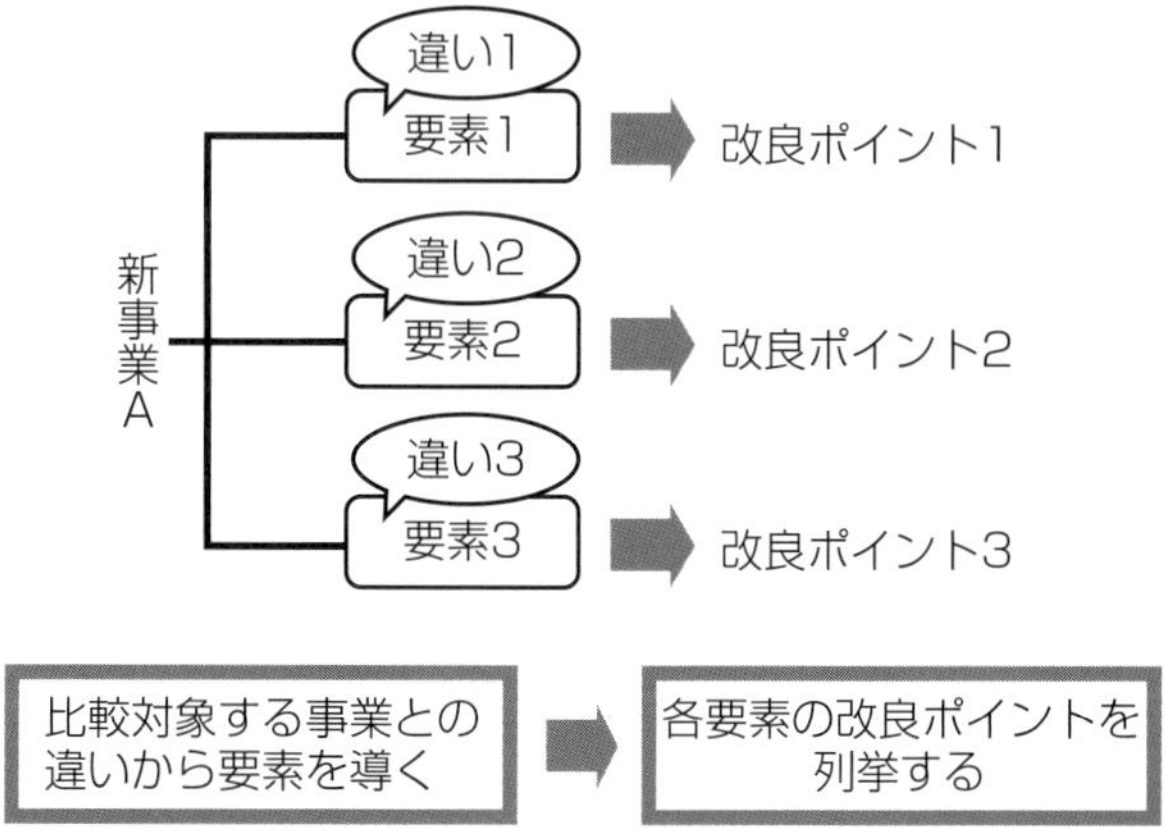
新事業A
違い1
要素1
改良ポイント1
違い2
要素2
改良ポイント2
違い3
要素3
改良ポイント3
比較対象する事業との
違いから要素を導く
各要素の改良ポイントを
列挙する

発想フロー図

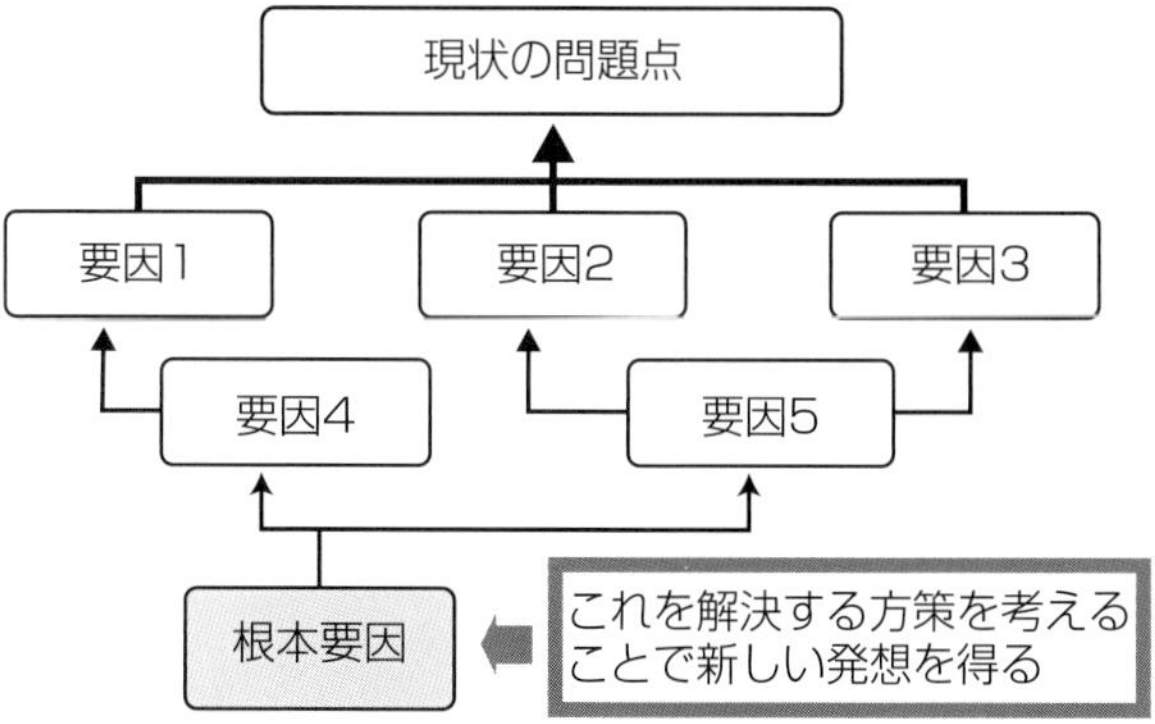
現状の問題点
要因1
要因2
要因3
要因4
要因5
根本要因
これを解決する方策を考える
ことで新しい発想を得る

デアを生み出すには、因果の連鎖を図化することのできるフロー図が効果的です。

2　異なるものを結び付ける［発想マトリクス図］

(1)「編集」と「構想」

発想力とは、「既存のものを新しい組み合わせで構想する力」と言っても言い過ぎではありません。まったく新しいものを生み出すこともあるかもしれませんが、多くの創造的な活動は、ゼロから生み出すというよりはむしろ、既存のものをうまく編集することで作り上げているのです。ビジネスの世界ではこの傾向は顕著であり、他業界で通常行っている仕組みを持ち込むだけでも新しい市場が生まれる事例は数多くあります。既に見慣れたものを使うのが創造力なのであれば、「新しい発想」という思考作業は思ったよりも難しくないと感じられるのではないでしょうか。

(2)　発想マトリクス図の描き方

既存のものを組み合わせることで新たなものを生み出すには、「マトリクス図」は最も適した図解手法です。とくに、新しいサービスや商品、事業（以下、単に「サービスなど」とします）を発想するには、ニーズ×機能のマトリクス図を描くのが有効です。

手順は、1ニーズを列挙する→2機能を列挙する→3図を精査し発想のヒントを探る、です。

第一ステップの「ニーズを列挙する」は、現状のサービスなどの不満や問題点を列挙し、似たものが数多くあるようなら集約した上で、それらを改善ないし解消する方向性を導きます。これが「ニーズ」になります。たとえば、新しいカメラを開発したいとき、現状のカメラの問題点を洗い出します。新規事業を検討したいのなら、自社の事業の課題を探します。それを裏返したものを「ニーズ」とします。

一般的なカメラに関する不満を考えてみましょう。たとえば、写真はしょせん記録されたもの。その場の臨場感を

発想マトリクス図を描くステップ

1 ニーズを列挙する

2 機能を列挙する

3 図を精査し発想のヒントを探る

再現することは難しいものです。また、撮った写真の管理は大変なものです。

そこで、既存のカメラに対する不満から導かれる新たなニーズとして「臨場感を生み出す」「写真の管理が容易」の2点を思いついたとしましょう。

第二ステップは「機能を列挙する」ことです。カメラに似ているものを想像します。

たとえば、カメラが被写体を画像として捉えるという点では、「人間の目」に似た面があります。いる場所によって映し出される画像が異なるという点では、カメラは「カーナビ」に似た面もあります。このように連想ゲームさながらにイメージを膨らませます。

第三のステップ「図を精査し発想のヒントを探る」は、ニーズを横軸、機能を縦軸（逆でもOK）にとり、マトリクス図を描き、マス目に当てはまるものを埋めていきます。これらが新しいサービスなどを考えるヒントになります。縦軸と横軸の条件を両立させるものは何かを具体的にイメージするのがポイントです。

まず、2つのレンズで臨場感を出す「立体カメラ」です。人間の目は2つあることで景色を立体的に見られるように、2つのレンズで撮影した2つの画像を用いて立体的な写真を作れるカメラが考えられます。

第二は、2つのレンズで写真の管理を容易にする「映写カメラ」です。通常、カメラにはレ

ニーズと機能から考える

		新たなカメラへのニーズ	
		臨場感	写真の管理が容易
新たな機能	人間の目	ここに情報を埋めていく	
	カーナビ		

アイデアの例

		新たなカメラへのニーズ	
		臨場感	写真の管理が容易
新たな機能	人間の目（2つのレンズ）	**立体カメラ** 2つのレンズで撮影することで立体視できる画像を作る	**映写カメラ** 一方のレンズは撮影用、もう一方は映写用。画像を保管し、必要に応じて壁などに画像を映し出す
	カーナビ（位置情報と解説誘導）	**ガイドカメラ** 名所の概要や撮影ポイントなどの情報をカメラに入力しておくと、そこを訪れた際に解説が自動的に流れる	**地図連動型カメラ** 撮影した写真データをメーカーのホームページに保管。ホームページの地図上で写真が見られる

ンズは1つで十分ですので、もう一方のレンズは余分になります。このレンズを「映写用」に使うという手はないでしょうか。カメラは写真を「撮る」ものという発想を捨て、撮った画像データはすべてカメラ内で保管し、見たいときには壁などに画像を「映す」道具と捉えるのです。

第三は、カーナビのような位置情報と解説誘導の機能を持ち、臨場感のある「ガイドカメラ」です。全国の名所旧跡等の概要や撮影のポイントなどの情報をカメラに入力しておき、その位置を訪れた際には解説の音声が自動的に流れる仕組みが考えられます。

第四は、「地図連動型カメラ」です。撮影した写真データは、カメラメーカーが開設しているホームページからデータストレージに画像を保管できるサービスなどを提供します。ホームページにアクセスすると撮影した地点がプロットされた地図が描き出され、その点をクリックすると写真が表示される仕組みが考えられます。

このようにして出てきたアイデアの中から、商品化が可能なものを選び出し、詳細な検討を進めることで、新たなカメラの企画・開発を行うことができます。

(3)【演習例題】新しい旅行商品を企画する

旅行会社に勤めるあなたは、他社がまだ目を付けていない新しい旅行商品を企画したいと考えています。近年はとりわけ「価格の安さ」が重視される傾向にあるようです。また、高齢者の旅行ニーズが増えてきていると感じています。

これらの状況を踏まえながら、マトリクス図を描いて新商品を考えてください。

・ニーズを列挙する

近年のパッケージツアーに関するニーズとしては、中身もさることながら、「安さ」が重要な要素になってきている傾向が見られます。一方、あなたの会社の商品は他社と比べて価格が高めであり、顧客離れが進んでいるようです。もう1つは、定年を迎えつつある団塊世代の旅行のニーズが高いと思われるものの、高齢者にターゲットを当てた旅行商品が少ないようです。そこで、「ニーズ」として「低価格化」と「高齢者向け」の2つを挙げることにしました。

・機能を列挙する

これまでの発想の延長線上にはない旅行商品を考えつくためには、旅行会社のミッションを単に「旅行商品を販売する」とするのではなく、もう少し突き詰めて考えることが求められます。

旅行商品を購入するお客から見れば、「旅行」の機能は「移動」と「滞在」の2つに分解できますので、まずは「移動と滞在を支援する」のが旅行会社のミッションと捉えることができるかもしれません。あるいは、旅行をすることで日常では得られない新鮮な体験が得られると考えれば、「新しい体験を提供する」ことが旅行会社のミッションと考えることもできます。

・図を精査し発想のヒントを探る

いよいよマトリクス図の登場です。横軸に「高齢者向け」と「低価格化」、縦軸に「移動と滞在の支援」「新しい体験の提供」と記述します。あとは図を描き、4つのマス目に当てはまる内容を考えるだけです。

Aのマスには、「高齢者向け」と「移動と滞在の支援」の2つが重なる商品、たとえば「メディカルツーリズム」が該当します。高齢者になると病気がちになり、中には長期入院して治療や手術を受けなければならない人もいるでしょう。より良い治療を受けたい、あるいは日本では認められていない手術を受けたいという場合は、海外の病院を活用するという選択肢も出てきます。この場合、海外に「移動」し、病院に「滞在」するという面では、旅行会社のミッションと重なってきます。海外では言葉や文化の壁も大きく、患者の精神的な負担が重くなりますが、このような点でも旅行会社としてのノウハウを発揮できると考えられます。

Bのマスには「高齢者向け」と「新しい体験の提供」の2つが重なる商品が該当します。「逆帰省サービス」と名づけましょう。

お盆の時期に子どもが帰省する代わりに、逆に祖父母が子どもたちに会いに行くのを支援するサービスです。

たとえば都市部のホテルを借り、ケータリングを用いた親族のパーティを開きます。子どもたちは自宅に親を泊めるよりは

新しい旅行商品を考える

		ニーズ	
		高齢者向け	低価格化
機能	移動と滞在の支援	A メディカルツーリズム	C ヘルスツーリズム
	新しい体験の提供	B 逆帰省サービス	D 添乗員なりきりツーリズム

手間はかかりませんし、都心であれば孫たちも参加しやすいと思われます。帰省ラッシュと逆の、地方から都市部への移動なので混雑もあまりありません。確かに「お盆」の本来の意義からすれば変な話ですが、年に一、二度、親族で顔を合わせるイベントとして捉えれば、いつもとは違う新鮮な体験として受け入れられるかもしれません。

Cのマスは「低価格化」と「移動と滞在の支援」が重なる領域です。安くても満足できる旅行とは何かを想像してみると、近年のブームである「健康」というキーワードが思い浮かびました。健康づくりをかねた旅行ツアー、これを仮に「ヘルスツーリズム」と名づけることにしましょう。レンタサイクル、ウォーキング、森林浴、民泊などを組み合わせ、ツアー前と後で心の健康状態や体の健康状態（体脂肪率など）の変化をチェックするサービスをつけてもよいかもしれません。これなら低価格でも商品化できる可能性が出てきます。

Dのマスは「低価格化」と「新しい体験の提供」が重なる領域です。パックツアーに添乗員を同行させればその分コストがかさみ商品価格が上がりますが、たとえば、旅行者自身が添乗員だとしたらどうでしょう。さらに言えば、旅行商品の企画、最低催行人員までのメンバー集めまでもその添乗員を兼ねた旅行者に任せることも考えられます。これらはなかなか体験できないことであることは間違いありません。添乗員となる旅行者は旅行費用を「無料」にできるかもしれません。この領域は「添乗員なりきりツーリズム」と名づけましょう。添乗員業務を楽しんでできる人に限られますが、旅行商品の企画作り講習、添乗員なりきり講習などを旅行商品とセットで提供することで、さらに収益を高められるかもしれません。

このように、マス目に当てはまるものを考えることにより、新しいアイデアが見えてきます。

3　既存のものにひねりを加える［発想ツリー図］

(1)　問題改善型の発想

まったく新しいものを生み出すことは難しいですが、既にあるものをベースに手を加えて改良・改善するのであれば比較的簡単です。このような問題改善型の発想は、斬新さにはやや欠ける面がありますが、地に足のついた現実的な解であることが多く、ビジネス上では適用範囲が広いと言えます。

ツリー図はあらゆる角度から分析・検証するのに適した図です。いきなり斬新な発想を行おうとするのではなく、現状を徹底的に見つめ直し、改善の糸口を探す上で、ツリー図を描くのが効果的なのです。

(2) 発想ツリー図の描き方

既にあるものにひねりを加えて新たなものを生み出すには、「ツリー図」は最も適した図解手法です。手順は、1比較対象を探す→2違いを探す→3図を精査し発想のヒントを探る、です。

第一ステップの「比較対象を探す」では、改善のヒントとなる事例を探します。目標とする好事例か、ライバル企業の事例などが適切です。

たとえば新しい「紙おむつ」を開発するとき、売れ行きのよい別の紙おむつを比較対象にするのです。競合他社の商品でもかまいませんが、分析しなければなりませんので、その商品のことを知り尽くしていることが前提になります。なお、ここで取り上げる比較対象によって図はまっ

発想ツリー図を描くステップ

1 比較対象を探す

2 違いを探す

3 図を精査し発想のヒントを探る

たく異なりますので、満足のいく図を描くことができなければ、もう一度このステップに戻り、別の「比較対象」を出しましょう。

新生児用の紙おむつの開発に「要介護高齢者向けの紙おむつ」、あるいは紙おむつではなく、「新生児用の肌着」を比較対象にする手もあります。ただし、比較対象が元のものと離れれば離れるほど違い探しが難しくなる（元々違いが大きいため）上、新しい商品作りに直結しないツリー図ができあがる可能性が高まります。一方で、より斬新な商品を考えつく傾向があります。

第二のステップ「違いを探す」では、問題としているものと「比較対象」との間の違いを洗い出します。細かいことでも気づいたことをできる限り多く書き出すのが重要です。瑣末と思われる差異が重要な意味を持っていることもあるからです。

ここでは思いついたものを列挙する「探索型」の方法が基本になります。なぜなら、どこにどのような問題があるかを発見する上では、初めから先入観を持ってしまっては、発想の幅が狭められてしまうからです。しかし、手がかりがないと違いを見つけにくいという人は、一般的なビジネスフレームをヒントにするのがよいでしょう。たとえば、「研究開発」「調達」「製造」「物流」「マーケティング」「サービス」「販売」のバリュー・チェーン、「Product（製品）」

ビジネスフレームの例

- 研究開発、調達、製造、物流、マーケティング、サービス、販売(バリュー・チェーン)
- Product、Price、Place、Promotion(4P)
- 政治的要因、経済的要因、社会的要因、技術的要因(PEST 分析)

他社との違いを構造化

紙おむつの改良ポイント

- **価格**　1枚当たりは高い
  - ➡1袋当たりの枚数を増やしてお得感を出す
- **機能性**　吸水性が良いなど機能性は高い
  - ➡高い機能性をアピールできているか？　顧客のニーズに合っているか
- **装着感**　ギャザーがややきつめ
  - ➡おむつかぶれの苦情はないか。もれない範囲でゆるくできないか

「Price（価格）」「Place（流通）」「Promotion（推進）」の４Ｐ、「政治的要因」「経済的要因」「社会的要因」「技術的要因」のＰＥＳＴ分析などです。

第三のステップ「図を精査し発想のヒントを探る」は、書き出した違いを階層に分けつつツリー図にするステップです。まとめられる違いは集約し、同じレベルの要素を並べます。不足している要素があれば補います。

たとえば、他社の紙おむつと比べると、①1袋に入っているオムツの数が少ない、②（しかし）1袋の価格は安い、③吸水性は良い、④通気性は低い、⑤足回りのギャザーがややきつめ、⑥テープはつけやすい……などの違いが出てきたとしたら、それらを構造化してツリー図にします。描いた図を再度眺め直し、改善点を探ることで、より良い商品に改良することができるでしょう。

(3)【演習例題】低価格の理髪チェーンに打ち勝つには？

あなたは親の代からある商店街で理髪店を営んでいる二代目店主です。最近、低価格の理髪チェーン店が近隣に出店してきたため、その店にお客をとられてしまっているようです。新しいサービスを提供して、この状況を打開したいと思っています。ツリー図を描き、新しいサービスの検討を行ってください。

・比較対象を探す

既にあるものの延長線上で発想するのですから、比較対象は近いものがよいでしょう。最近、近くに出店してきた「低価格の理髪チェーン店」にしましょう。

・違いを探す

「低価格の理髪チェーン店」は水道設備がないことで出店コストを下げています。したがって、「水やお湯がない」という違いがあります。また、カット時間を10分以内に収めることで、「お客を待たせない」というメリットがありますが、あなたの店は昔ながらの理髪店のため、30分程度待つことはざらです。

「低価格の理髪チェーン店」はさまざまな工夫でカット料金を１０００円にしており、あなたの店よりも「安い料金設定」を行っています。また、「店舗面積を狭く」する工夫をすることで、ちょっとした空間を利用して出店しています。

これらをあなたの店を中心に整理すると、「水を使う」「待ち時間が長い」「低価格ではない」「店舗面積が広い」といった特徴が浮かび上がってきます。

・図を精査し発想のヒントを探る

これらを用いてツリー図を描きます。デメリットばかりに見えますが、「低価格の理髪チェーン店」と差別化できる特徴と捉えて、これらの特徴をメリットにするため

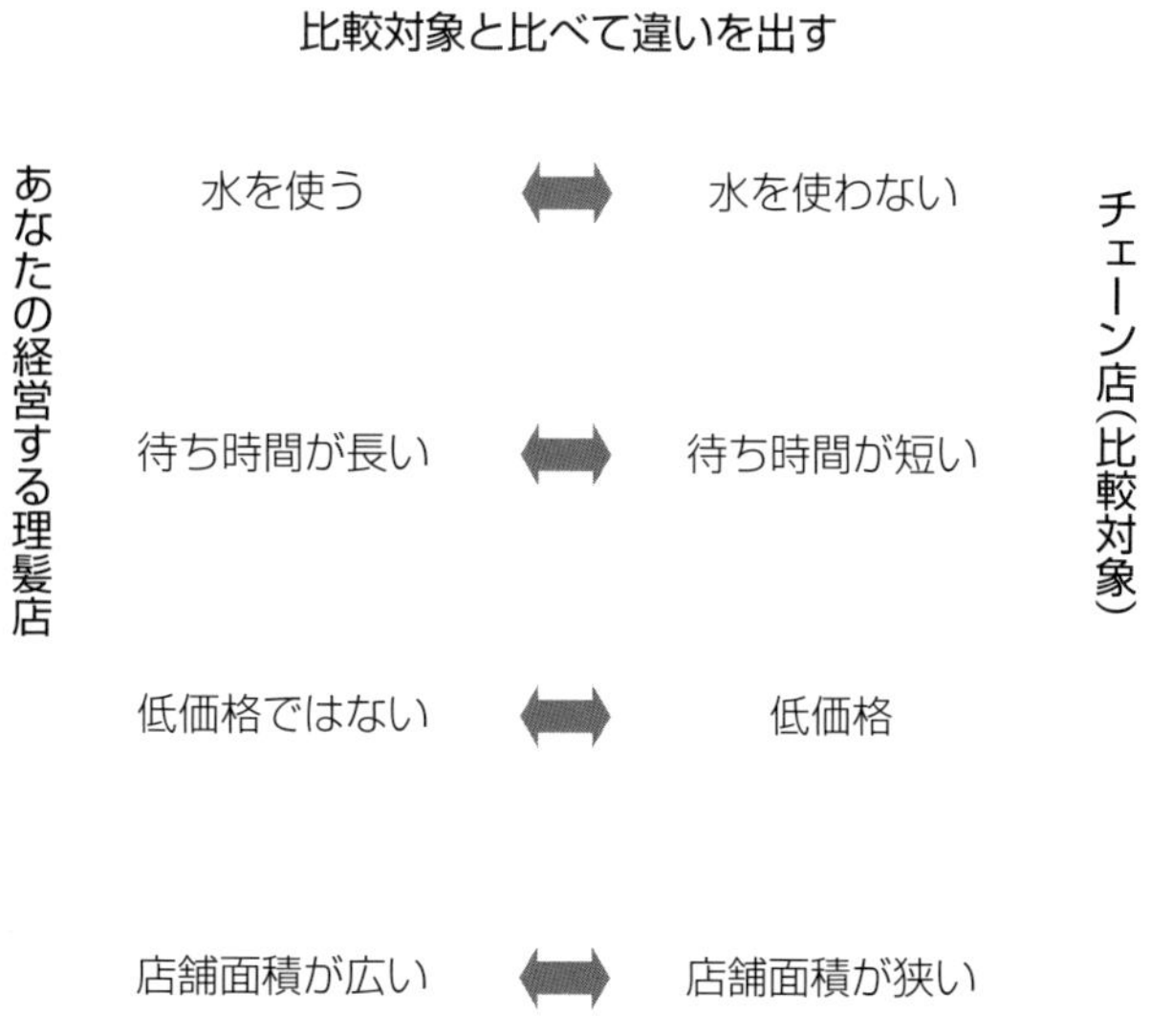
比較対象と比べて違いを出す
あなたの経営する理髪店
チェーン店（比較対象）
水を使う
水を使わない
待ち時間が長い
待ち時間が短い
低価格ではない
低価格
店舗面積が広い
店舗面積が狭い

の改善策を探ってみます。必ずしもすべての要素について改善策を探す必要はありませんが、ここではすべての項目について考えてみましょう。さて、ツリー図を見ると次のヒントが浮かび上がってきました。

第一は、新たに追加するサービスとして「足湯のサービスを提供する」ことです。「水を使う」つまり、水道設備があるということは、これを別の利用につなげることも可能です。たとえば温泉地にある足湯のサービスを提供するというのはどうでしょう。マッサージ機能付きのフットバスに足をつけてヘアカットを行うのです。

第二は「待ち時間の長さ」をメリットにすることです。「待ち時間が長い」というのは、忙しい人たちにとってマイナスですが、喫茶コーナーを設置し、ゆったりできる空間にすることで、「リラックスする」ために理髪店に来る人も出てくるかもしれません。

新しいサービスのアイデア

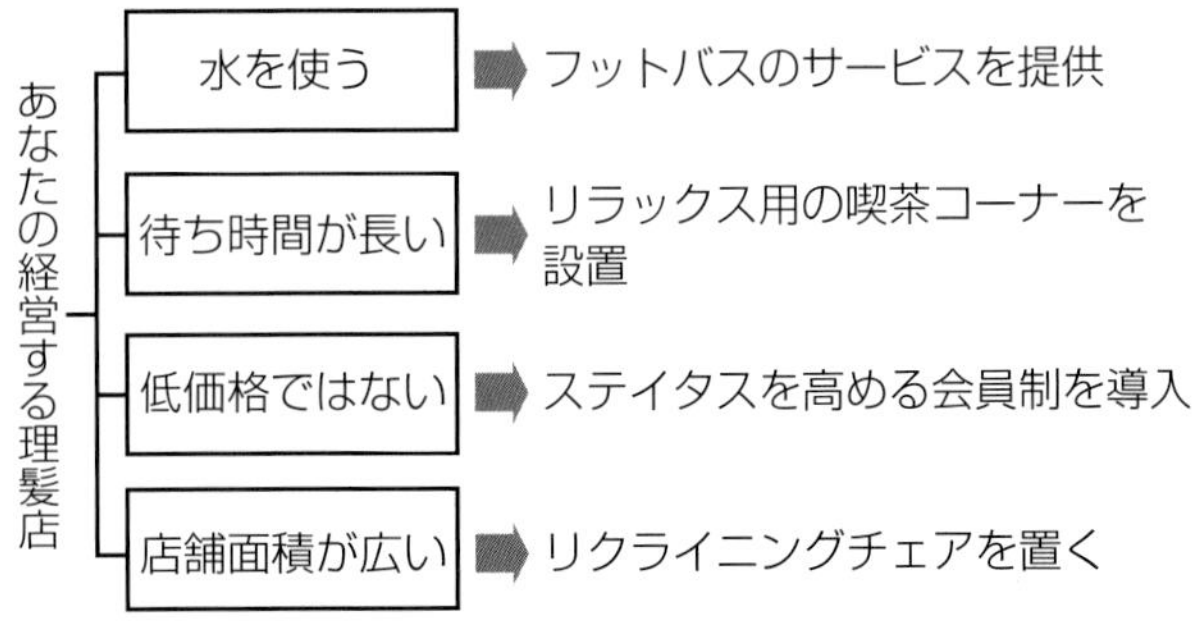
あなたの経営する理髪店
水を使う
フットバスのサービスを提供
待ち時間が長い
リラックス用の喫茶コーナーを設置
低価格ではない
ステイタスを高める会員制を導入
店舗面積が広い
リクライニングチェアを置く

「店舗面積が広い」という特徴があればこそ、喫茶コーナーの設置も可能になるのですが、ここではさらに一歩進んで、リクライニングチェアを数台設置し、順番がくるまで安らぎの時間をすごしてもらうというアイデアも考えられます。

第三に「あえて顧客を絞り込みステイタスを高める」工夫です。「低価格ではない」という特徴も、このような付加価値をつけることで納得価格にできる可能性があります。働き盛りで忙しい人向きというよりは、時間とお金にゆとりのある年配層をメインターゲットとするのがよいでしょう。お客の囲い込みのために会員制料金の設定を行う方法もあります。

4　根本から問い直す［発想フロー図］

(1)「差別化」ではなく「独創化」

消費者ニーズの成熟化を背景に、商品やサービスの差別化はより難しくなっています。軽量化したり、使い勝手をよくしたり、といったちょっとした商品やサービスの改良・改善だけでは顧客の心を捉えられなくなっているのです。このような中では、ほかの商品やサービスとの違いを際立たせる「差別化」の戦略では不十分であり、スマートフォンやiＰａｄに見られるような、ほかに比較するもののない商品やサービスを生み出す「独創化」戦略が重要になります。

しかし、これまでにない商品を創造するのはたやすいことではありません。

(2) 発想フロー図の描き方

フロー図は既存の商品やサービスとはまったく異なるものを考え出すのに適した図です。

手順は、1理由や原因を列挙する→2根本の要因を探す→3図を精査し発想のヒントを探る、です。

第一ステップの「理由や原因を列挙する」では、現状の商品やサービスが抱える問題の理由や原因として考えられることを洗い出します。細かいことでも重複していても気にせず、できるだけ数多く書き出すのがポイントです。似たものをまとめたり、本質的でないと思われる要素を削除

発想フロー図を描くステップ

1 理由や原因を列挙する

2 根本の要因を探す

3 図を精査し発想のヒントを探る

するのは、図にする段階でよいのです。

たとえば自動車の製造コストを下げるために、「組み立て時間を短くしたい」としましょう。問いは「なぜ組み立てに時間がかかるのか？」です。その理由として想定されることを列挙すると、「組立工の経験が不足している」「組み立てパーツがなかなか到着しない」「組み立てに多くの手間がかかっている」「そもそも組立作業の量が多すぎる」などが出たとします。このうち「組み立てに多くの手間がかかっている」ことが、どうやら本当のところのようです。

第二ステップの「根本の要因を探す」では、理由を問いに変えてさらなる理由を突

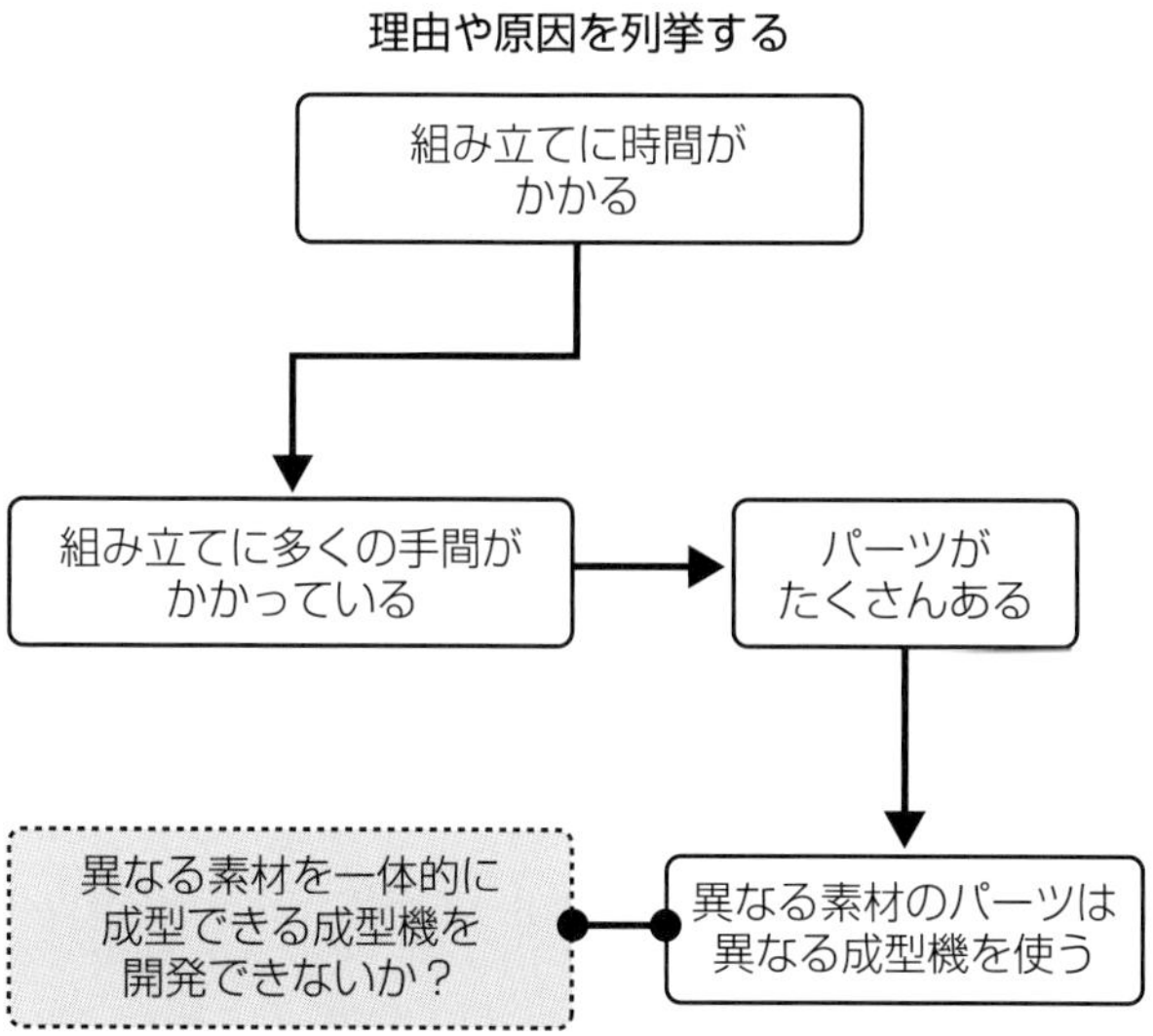
理由や原因を列挙する
組み立てに時間がかかる
組み立てに多くの手間がかかっている
パーツがたくさんある
異なる素材のパーツは異なる成型機を使う
異なる素材を一体的に成型できる成型機を開発できないか？

き詰めます。この例では「なぜ多くの手間がかかるのか？」が次の問いになります。「パーツがたくさんあるから」↓「なぜパーツがたくさんあると時間がかかるのか」↓「異なる素材のパーツは異なる成型機を使うから」となり、突き詰めていくと、「異なる素材（ガラスと金属など）は異なる成型機を必要とするから」という、根本の理由に行き当たりました。

第三ステップの「図を精査し発想のヒントを探る」は、列挙した理由の連鎖を視覚的に整理するステップです。因果関係に誤りがないか、抜けがないかをチェックします。また、これ以上さかのぼれない理由や原因に着目し、それを解決する方法を考えます。この例では、「異なる素材を一体的に成型できる成型機を開発する」ことが、組み立て時間短縮を実現する方法の1つであることが見出せます。

(3)【演習例題】運送会社の経営を改善する新事業を考える

あなたは、運送会社を経営していますが、ここ数年、赤字続きで悩んでいます。取引先の企業が運送料の減額を要求し、ほかの運送会社に顧客を奪われまいと、減額要求に応えたことがその原因です。新しい事業を展開することで、この状況を打開したいと考えています。

フロー図を描き、新しい事業についての検討を行ってください。

・理由や原因を列挙する

出発点は「赤字」です。その原因としては、まず「運送単価の低下」が考えられます。しかし、本当にそれだけでしょうか。原因は1つとは限りません。もう少し深く考えてみましょう。「赤字」というのは、収入より支出が多い状況を意味します。「運送単価」は収入に関わる事項です。一方、「支出」も赤字に関わる事項です。支出に無駄はないのでしょうか。ガソリン代、高速料金、人件費などをこれ以上下げることはできないかを考えてみます。

・根本の要因を探す

収入、支出の両面で赤字の原因が見えてきました。そこで、これらの原因の奥にある原因を考えてみます。「運送単価の低下」の原因としては、顧客が1社のみであり、ほかの収入がないために減額要求を呑まざるを得ないという弱みもあるでしょう。競合する運送会社が増えているのも、取引先に強く出ることのできない要因と思われます。取引先からしてみれば、運送単価を減らしたくて減らしているのではなく、経営状況が思わしくないからのようです。

また、支出はこれ以上切り詰められないという結論でしたが、しかし、そうだとしても本当に無駄はないのでしょうか。取引先の工場は地方にあり、都心の港から工場まで製造部品を運んだら、帰りは単に空荷のトラックを動かすためにガソリン代と高速料金と人件費を使っているので

収入・支出面の赤字の原因

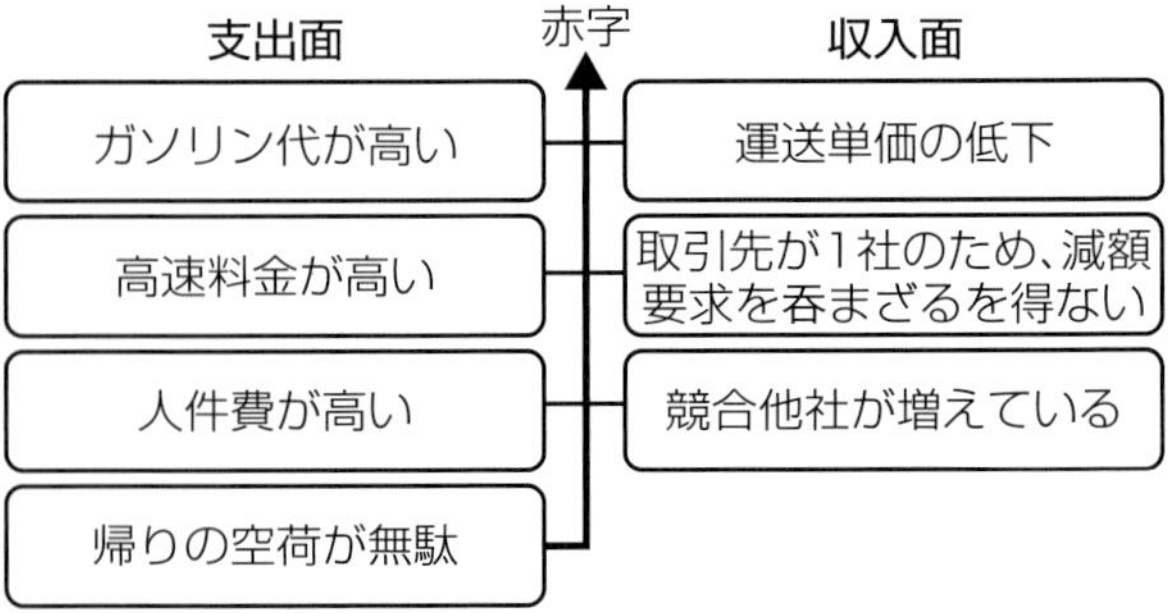

支出面
赤字
収入面
ガソリン代が高い
高速料金が高い
人件費が高い
帰りの空荷が無駄
運送単価の低下
取引先が1社のため、減額要求を呑まざるを得ない
競合他社が増えている

赤字を解消する事業を考える

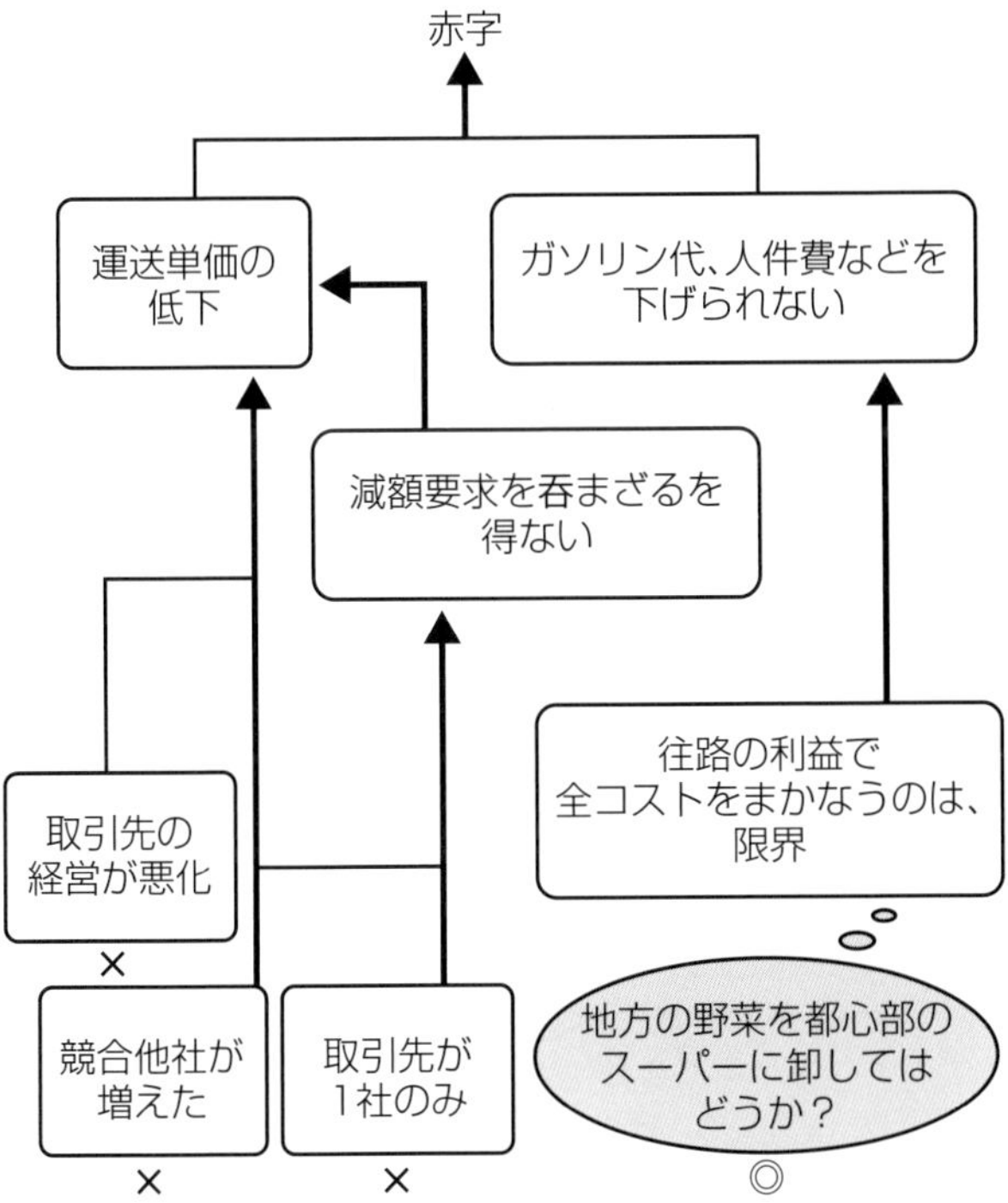
赤字
運送単価の低下
ガソリン代、人件費などを下げられない
減額要求を呑まざるを得ない
往路の利益で全コストをまかなうのは、限界
取引先の経営が悪化
×
競合他社が増えた
×
取引先が1社のみ
×
地方の野菜を都心部のスーパーに卸してはどうか？
◎

す。つまり、片道分のコストは無駄と言えます。

このようにさまざまな原因を考えながら、その原因のさらに奥にある原因を芋づる式にピックアップしていきます。

・図を精査し発想のヒントを探る

列挙した事項をつなげてフロー図を描きます。

因果関係を意識しな

がら、それぞれの事項を矢印で結びます。因果関係に飛躍があれば要素を補い、足りない要素があれば追加しましょう。

今一度、これ以上さかのぼれない事項、つまり、フロー図の最下部の要素である根本の要因を眺めてみます。「取引先の経営が悪化」「競合他社が増えた」などは、同社ではどうにもならない事項です。「取引先が1社のみ」であることは重要な根本原因の1つであり、「取引先の開拓」が求められます。ただし、競合他社も多い中で難しい課題と言えます。残るは「片道の移動の無駄」です。空気を運ぶことだけにコストを使っているくらいなら、たとえば地方の野菜を購入し、都心部のスーパーに卸したらどうでしょう。元々かかる支出なので、売れた分がそのまま利益になります。

つまり、通常の運送経路（往路）とは逆の経路（復路）でも新たな収入を確保することで、赤字を解消する方法を思いつくことができました。

［Ⅲ］

問題解決力を高める

1　問題解決力を高めるポイント

(1)　仕事とは問題解決の連続

仕事とは本来、問題解決の連続です。何の問題も抱えずにすらすらと仕事ができればどんなに楽でしょう。しかし、実際には厄介な問題がつきものです。発注していた商品が予定通りの期日に届かない、円高の影響で会社の収益が悪化した、何度書類を書き直しても上司からダメ出しをされる等々。若手から経営層まで業種業態を問わず「問題」はいたるところにあります。問題を抱えていないビジネスパーソンなどいませんし、むしろ問題として認識するからこそ改善や進歩があります。問題に向かっていき、それを解決することに仕事の価値がある。仕事とは「問題解決のプロセスそのもの」と言ってもよいかもしれません。

(2)　判断・分析・予測——多様な思考の総合活用

問題解決には高度な思考力が要求されます。判断力、分析力、予測力など多様な思考力を総合的に活用する必要があるからです。また、思考力のみならず、過去に得た知識や経験の蓄積やそれらを引き出す能力も重要です。したがって問題解決力を高める、と一口に言ってもそうたやすいものではありません。しかし、問題解決の視点や基本的な考え方を示すことは可能です。それは大きく分けて、次の3タイプがあります。

・分ければ分かる「ツリー図」

頭を抱え込むほどの大問題の中には、小分けに分ければ簡単に解けるタイプが含まれています。人は一般に「問題」を1つのものとして捉える傾向があります。たとえば英語ではproblemにsをつければ複数の問題を意味しますが、日本語では「問題たち」という表現がないことからも、私たちが問題を丸ごと一体的に捉えてしまう認識の枠組みを作ってしまっているのかもしれません。しかし、問題の多くはいくつかの要素に分けることができます。そして、1つひとつの要素を別々に考えていけば、解決策は比較的容易に導き出すことができます。最後にそれらの解決策をまとめればよいのです。これにはツリー図が適しています。

・原因を突き止める「フロー図」

私たちは直面している問題の大きさが大きいほど、その現象面に心を奪われがちです。そうなると対症療法に陥り、いつまでも問題が解決しないことになります。火事のときには確かに目の前の火を消さなければなりません。しかし、仕事も常に火消しに追われていては発火の原因はいつまでもなくならず、同じことを繰り返す羽目になります。問題の背景にある原因を突き止め、抜本的に解決を図るにはフロー図が適しています。

・**対立する視点を統合する「ベン図」**

物事にはいろいろな見方があります。「仕事がはかどらない」という状況に対して、上司は「仕事の指示に対する部下の理解力が低く、仕事が遅い」と考え、部下は「上司の指示が適切でなく手戻りが多い」と考えているとしたら、それぞれの立場では真実なのかもしれませんが、対立はいつまでもなくなりません。

立場や価値観などの違いによって生じている問題を解決するのはとても難しいことです。どちらか一方の視点にのみ立脚するわけにもいかないからです。このときの解決策の基本的な発想は、いわゆる「弁証法」がヒントになります。2つの視点を融合するのです。この場合にはベン図が役に立ちます。

問題解決ツリー図

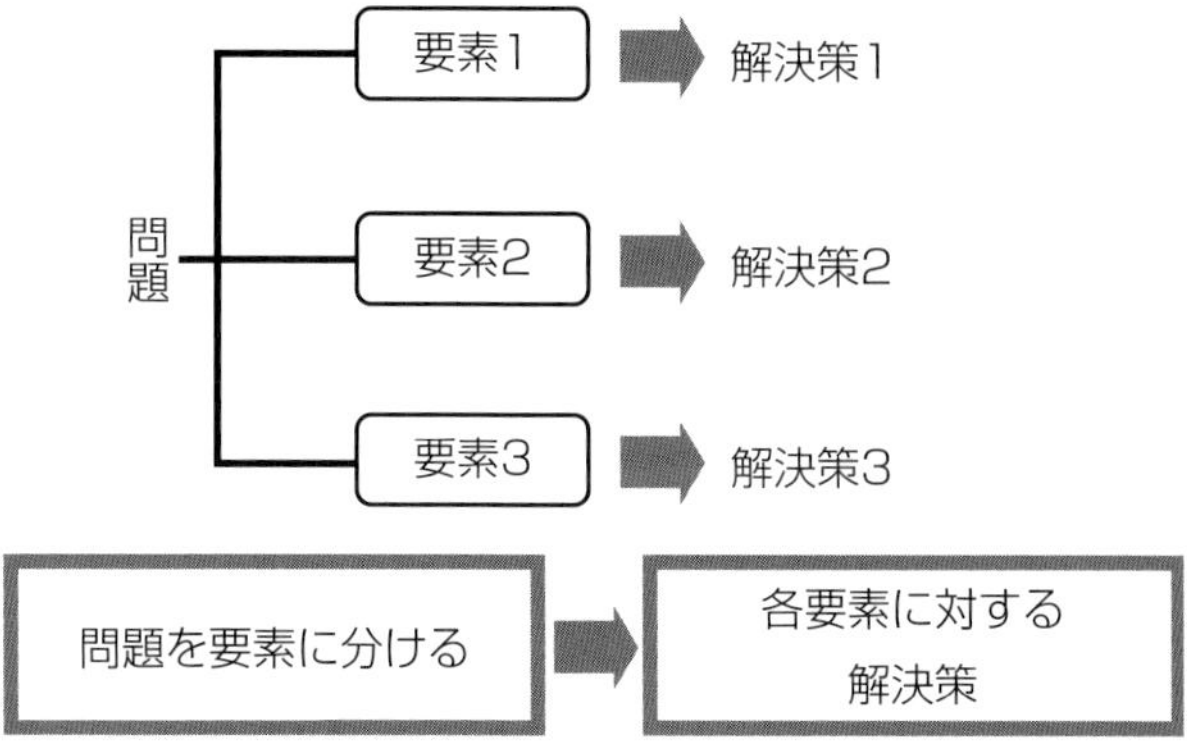
問題
要素1
要素2
要素3
解決策1
解決策2
解決策3
問題を要素に分ける
各要素に対する
解決策

問題解決フロー図

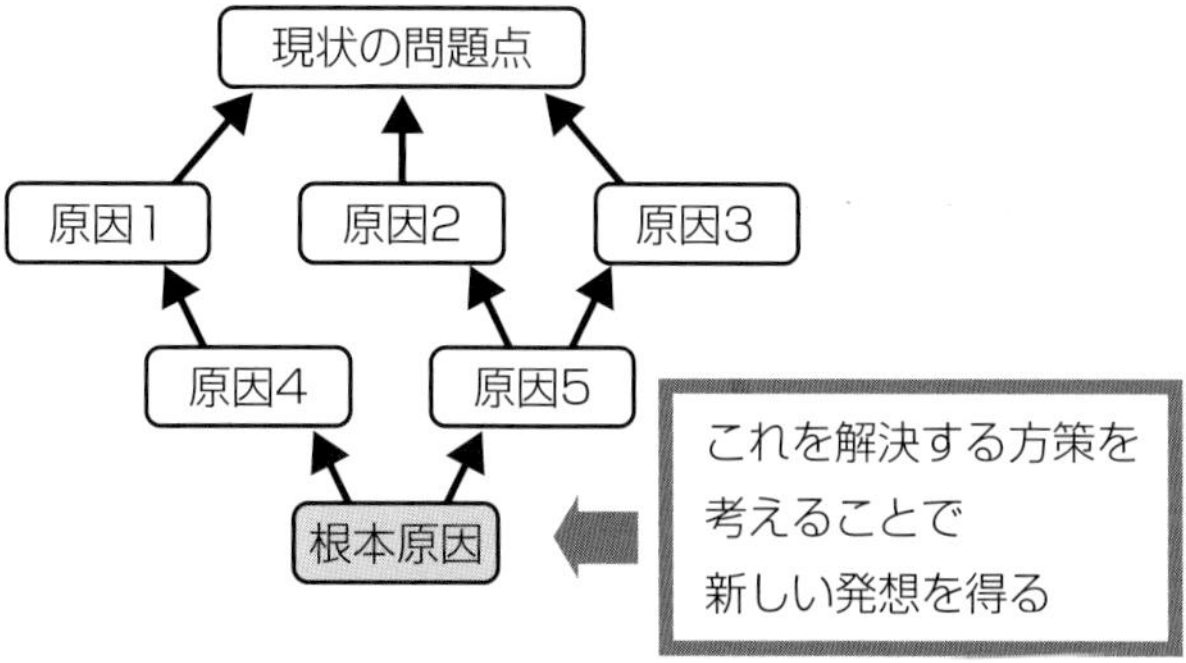
現状の問題点
原因1
原因2
原因3
原因4
原因5
根本原因
これを解決する方策を
考えることで
新しい発想を得る

問題解決ベン図

視点A
新たな視点C
視点B

2　分ければ分かる［問題解決ツリー図］

⑴　問題を小分けにする

私たちの仕事は通常、複数の作業で構成されています。「営業」であれば、事前の情報収集、提案書の作成、アポイントメント、訪問、プレゼンテーションなどが契約までのプロセスとして想定される作業ですし、「経理」であれば、年次・月次の決算、請求書の発送、支払い、社会保険や税金関係の諸手続き、従業員の給与計算などでしょう。

仕事の中に複数の作業が含まれているということは、「問題」も複数の細かい問題にばらすことが可能ということを意味します。仕事のすべてが問題というのではなく、その中の一部の作業に何らかの問題が生じているため、結果としてその仕事に悪影響をもたらしている場合も決して少なくありません。つまり、今手がけている仕事に問題が起きたとき、「それは具体的にはどのような問題なのか」を自問しつつ、問題を小分けにしていくことで解決することが有効な場合があります。

(2) 問題解決ツリー図の描き方

問題を分割することで解決の糸口を探るには、「ツリー」は最も適した図解手法です。

手順は、①問題を具体的に挙げる→②類型化する→③図を精査し解決の糸口を探る、です。

第一ステップの「問題を具体的に挙げる」は、まず分割すべき対象を明確化した上で、その問題を生じさせていると考えられる細かい問題を想定しうる限りすべて洗い出す作業です。

たとえば工場の生産ラインを構築したところ、ラインに不具合が生じたとしましょう。この場合の問題は、「ラインの不具合」です。不具合を生み出している細かい原因として、設計上のミス、選定した機器や部材が不適切であること、設置方法の問題、メンテナンスが適切でないなど、想定されることをすべて列挙します。

問題解決ツリー図を描くステップ

1 問題を具体的に挙げる

2 類型化する

3 図を精査し解決の糸口を探る

第二ステップの「類型化する」は、洗い出された細かい問題をいくつかのグループに束ねる作業です。このケースでは、「要求に合った設計仕様だったか?」「ライン設計上のミスはなかったか?」は「設計」、「要求に合った機器の仕様だったか?」は「選定」、「設置方法に問題はなかったか?」「設計と実際の設置にずれはないか?」は「設置」、「メンテナンスの方法や内容は適切か?」は「メンテナンス」というキーワードで整理できます。

第三ステップの「図を精査し解決の糸口を探る」は、第一および第二ステップで見えてきた情報をもとに図をブラッシュアップするプロセスです。このとき、グループ

問題の類型化と改良ポイント

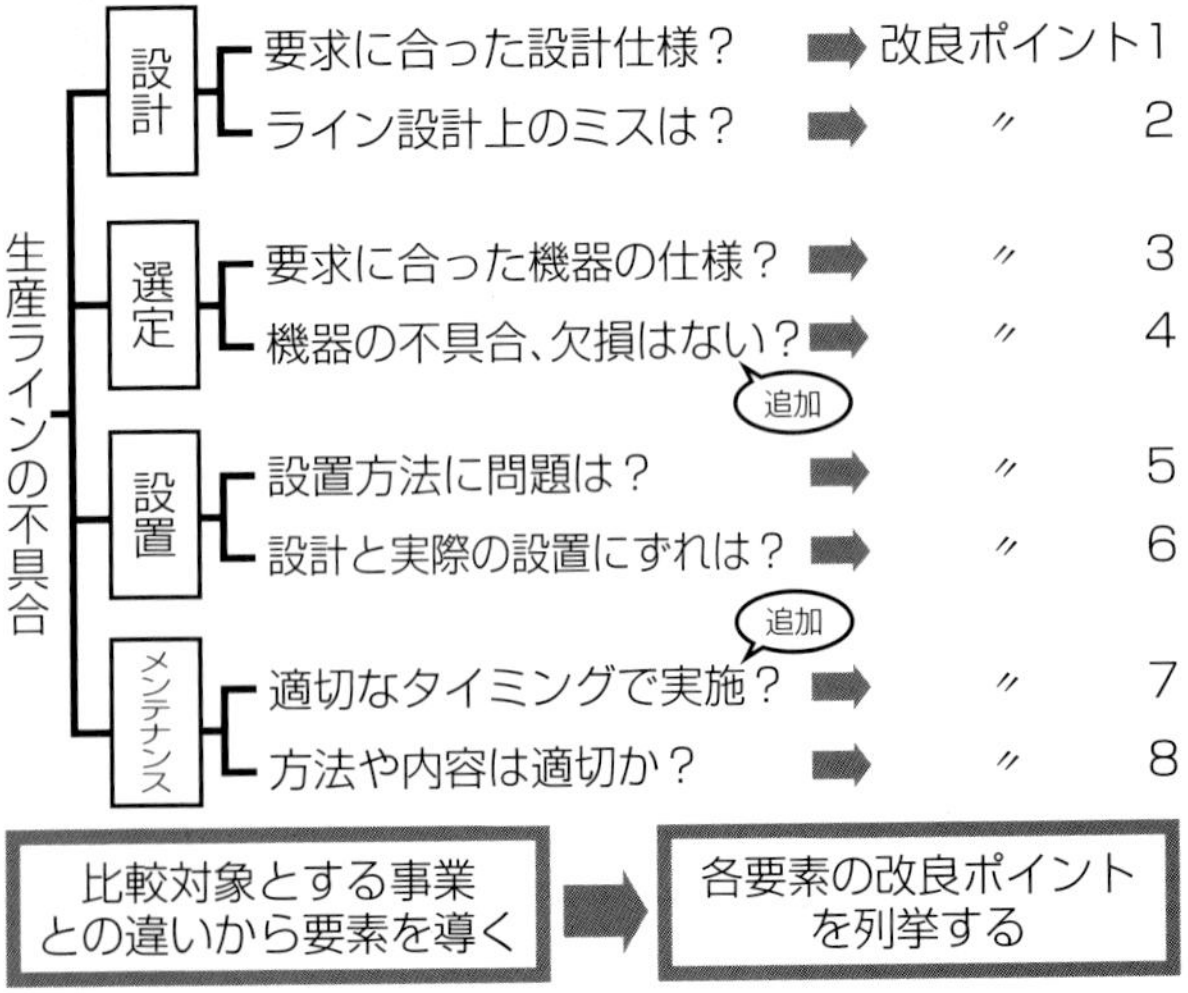

生産ラインの不具合
設計
要求に合った設計仕様?
改良ポイント1
ライン設計上のミスは?
〃 2
選定
要求に合った機器の仕様?
〃 3
機器の不具合、欠損はない?
〃 4
追加
設置
設置方法に問題は?
〃 5
設計と実際の設置にずれは?
〃 6
追加
メンテナンス
適切なタイミングで実施?
〃 7
方法や内容は適切か?
〃 8
比較対象とする事業との違いから要素を導く
各要素の改良ポイントを列挙する

内の細かい問題に抜けがないか、ダブりがないかをチェックし、グループ自体も抜けやダブりがないかをチェックし、必要に応じて加筆や修正を行います。例えば、「選定」の点で「機器の不具合、欠損はないか」、「メンテナンス」の点で「適切なタイミングで実施されたか」などが新しい問題として考えられます。

そして、細かい問題1つひとつに対策を挙げていきます。対策が思い浮かばない問題が出てきたら、それはまだ問題を分割できる余地があるということです。その問題だけさらに細かく分けた上で、対策を検討してもかまいません。

(3)【演習例題】コーヒーショップの売り上げを伸ばすには？

あなたは、駅に程近い複合ショッピングセンターの地階にオープンしたコーヒーショップの店長を、入社2年目にして任されました。一口サイズの豊富なレパートリーのあるケーキが売りの店で、サービスの質には自信がありますが、なかなか売り上げが伸びません。どうしたら売り上げを増やせるでしょうか。

ツリー図を描き、解決策を探ってください。

・問題を具体的に挙げる

この問題は一言で言えば「コーヒーショップの売り上げの伸び悩み」です。この原因を思いつく限りピックアップしてみます。まず、そもそも店の前を歩く人が少ないことが考えられます。類似のコーヒーショップが隣で開業しているのも問題です。最近、駅ビルができたため、駅からのアクセスの面でこの複合商業施設はどうしても見劣りするようになってしまいました。

ショートサイズのコーヒー1杯で長居をして受験勉強をしている学生のお客も多いように感じました。

・類型化する

店の前を歩く人が少ない、競合店が隣接している、などは「立地」の問題です。また、客単価が低いこと、1人客が多いことなどは「お客」に関することと言えます。

グループごとに想定される問題点を列挙します。まず「立地」については通行人が少ないこと、競合店が隣接していること以外に、駅からのアクセスが悪い、駐車場の利用料金が高いことなどを思いつきました。

また「お客」については、滞留時間が長い、中高生が多い、お客の数が少ない（1人客が多くグループ客が少ない）ことなどの点が思い浮かびました。

・図を精査し解決の糸口を探る

ツリー図を描く上ではとくにダブりやレベルの整合性を意識します。たとえば「通行人が少ないこと」は「来店客が少ないこと」の原因の1つ、「中高生が多い」ことは「客単価が低

要素のレベルやダブリをチェック

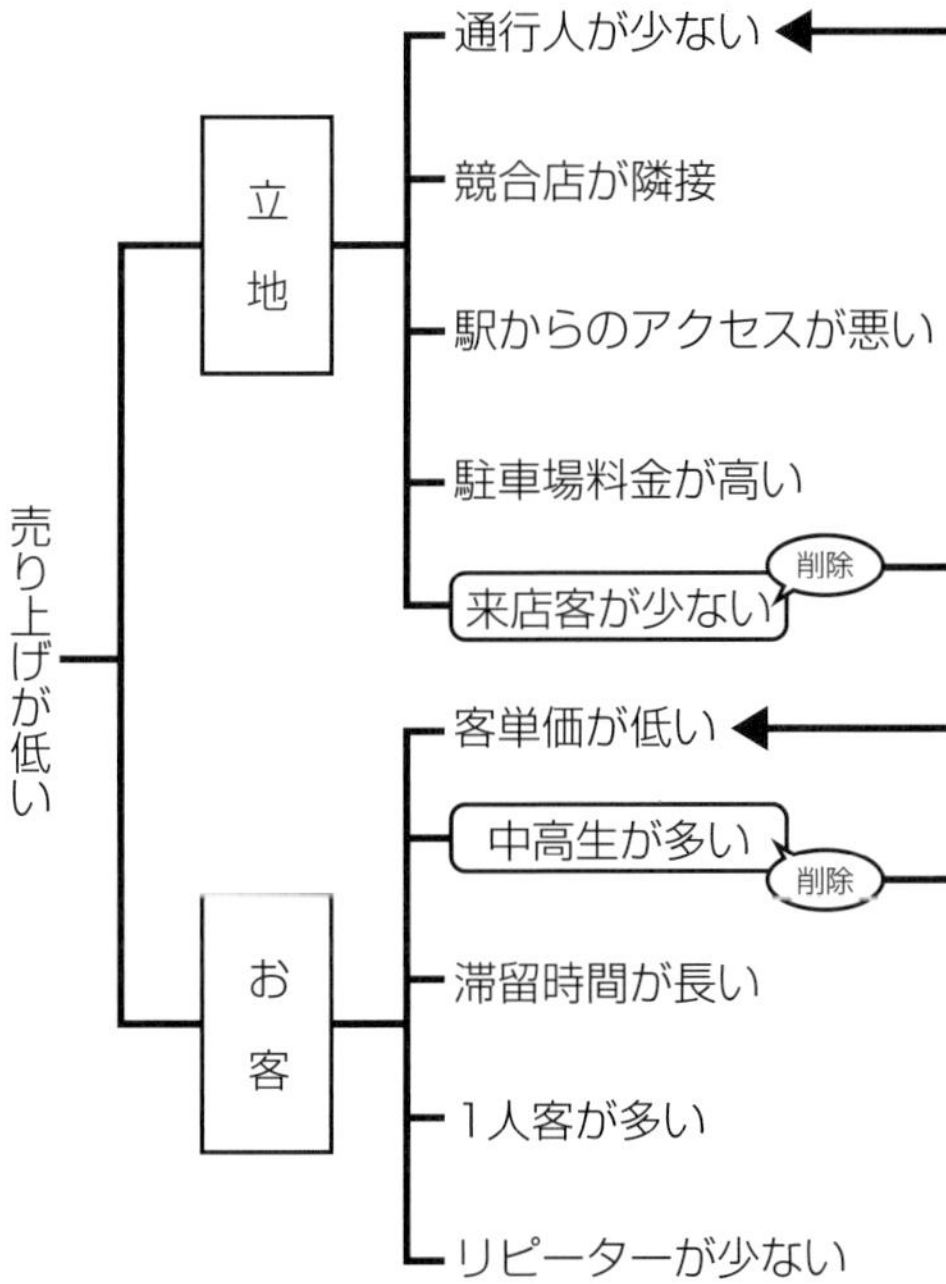

売り上げが低い
立地
通行人が少ない
競合店が隣接
駅からのアクセスが悪い
駐車場料金が高い
来店客が少ない
削除
お客
客単価が低い
中高生が多い
削除
滞留時間が長い
1人客が多い
リピーターが少ない

い」原因の1つとなっているようであり、同じレベルではありません。

　このように論理的にツリー図をチェックしつつ、抜けを追加したり、要素の関係を見直します。

　その上で、それぞれの要素を1つひとつ取り上げながら対策を検討します。

　下図に示すように、入居店舗共同でイベントを行う、「一口ケーキ」とコーヒーのセット商品を販売する、駅前に当店のサイン

問題の類型化と改良ポイント

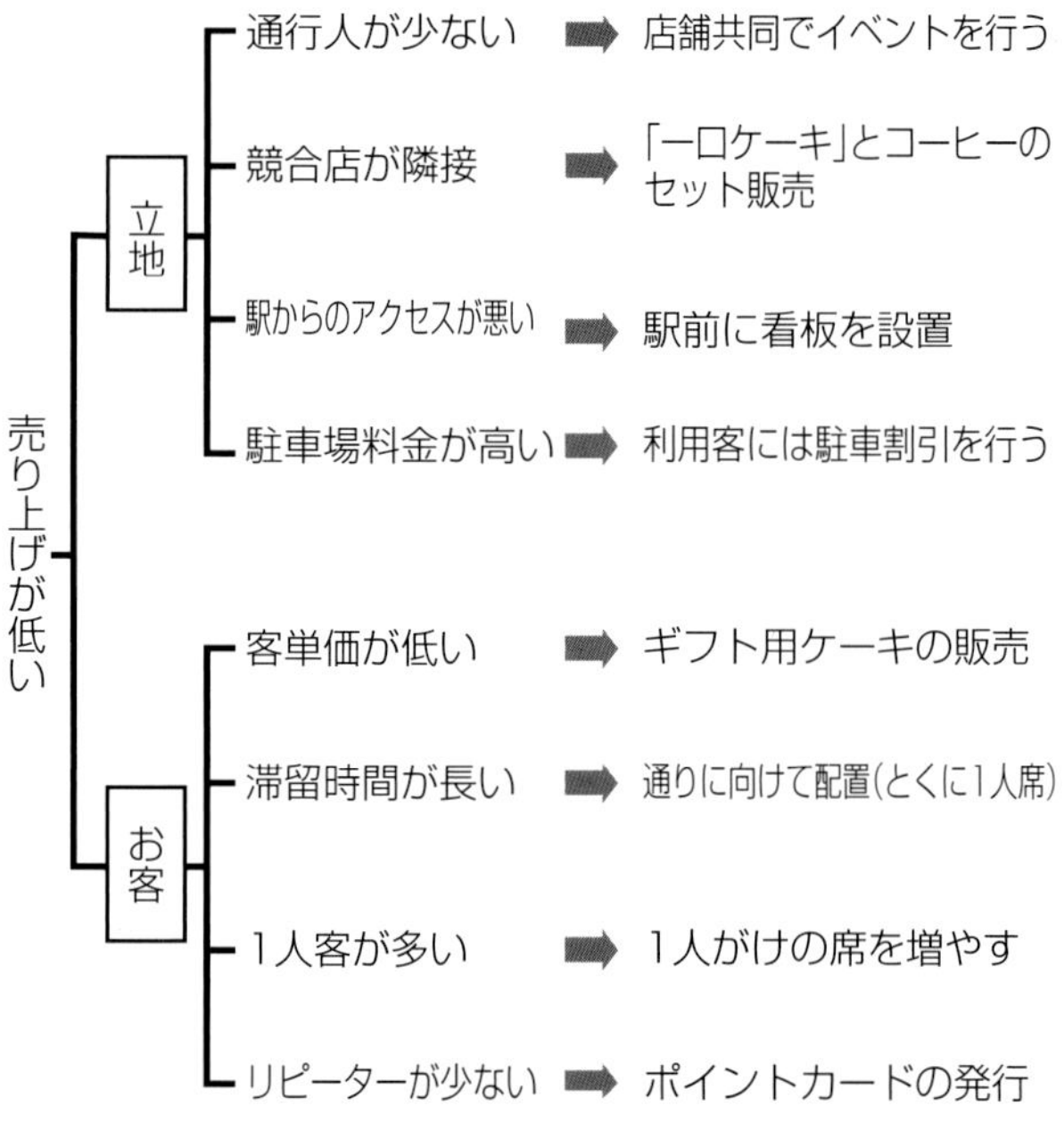

売り上げが低い
立地
通行人が少ない
店舗共同でイベントを行う
競合店が隣接
「一口ケーキ」とコーヒーのセット販売
駅からのアクセスが悪い
駅前に看板を設置
駐車場料金が高い
利用客には駐車割引を行う
お客
客単価が低い
ギフト用ケーキの販売
滞留時間が長い
通りに向けて配置(とくに1人席)
1人客が多い
1人がけの席を増やす
リピーターが少ない
ポイントカードの発行

（看板）を設置するなどをはじめとして、計8つの対策を考えつきました。
「売り上げ増」の目的を達成するには、これらを組み合わせて実施すればよいと思われます。

3　原因を突き止める［問題解決フロー図］

(1)　問題を正確に捉える

「問題」を的確に把握できれば、問題解決の峠は越しているという事例は、実は少なくありません。逆に言えば、解決に悩む問題の中には「問題」そのものの捉え方が正しくないために悩みが生じているタイプのものが数多いのです。

どのような問題にもそれを生み出している原因があります。真の原因を突き止めることができれば問題を正しく捉えられるとともに、解決の手立てははっきりと見えてきます。

たとえば、下請け先が納入する部品に不良品が増えており困っているとしたら、「不良品の増加」という問題が表向きの問題です。しかし、よく調べてみると、製造工程に問題があるのではなく、輸入している原料自体の質が低下していることが分かったとしたら、「粗悪な原料の使用」が原因となります。

問題が起きたときにすぐに事に当たろうとするのではなく、「この問題はなぜ起きているのか?」を考える習慣をつけると、この種の問題解決はより簡単になります。また、そのための手法にフロー図は最も適しています。

(2) 問題解決フロー図の描き方

手順は、1問題を具体的に定義する→2原因を探る→3図を描き解決の糸口を探る、です。

第一ステップの「問題を具体的に定義する」は、まず出発点である「問題」を明確化する作業です。

何を解決したいのかがはっきりしていなければ、何をもって解決したのかも明確にできないためです。たとえば、お客様相談窓口の担当者に消費者から商品に対するクレームがきたとします。この場合の問題は「商品に対するクレーム」ですが、これでは問題を具体的に定義したこと

問題解決フロー図を描くステップ

1 問題を具体的に定義する

2 原因を探る

3 図を描き解決の糸口を探る

にはなりません。たとえば「自社の製品である両手なべの取っ手が折れたことに対する苦情」というように、解決すべき対象を絞り込んで定義します。

第二ステップの「原因を探る」は、定義した問題の直接の原因を挙げ、その原因を生み出している背景となる原因を挙げるという作業を繰り返す段階です。背景となる原因が複数想定されたら、それらすべてに対してさらなる原因を考えていきます。1つの問題に対して、原因の原因をたどっていく過程で、それらの数は増えていく場合が多いですが、ときには複数の原因の背景となる原因が共通している場合もあります。

この例で言えば、取っ手が折れた直接の原因は、「取っ手の付け根部分が炭化し、ひび割れが発生していた」ことが分かりました。さらに原因を深掘りしていくと、「取っ手に長期間熱が当たっていた」ことがとりあえずの原因として見えてきました。さらに突き詰めると、「コンロの火がなべの底から側面に回り、取っ手の付け根に熱が伝わるような形状であった」「付け根の位置が低めだった」「取っ手は耐熱性ではあるが、高温に長時間さらされると劣化しやすい樹脂が使われていた」の3点が明らかになりました。最初に定義した問題から原因を矢印でつなぎ合わせていきます。

第三ステップ「図を描き解決の糸口を探る」では、まず描いた図の因果関係が誤っていない

根本原因と3つの対策

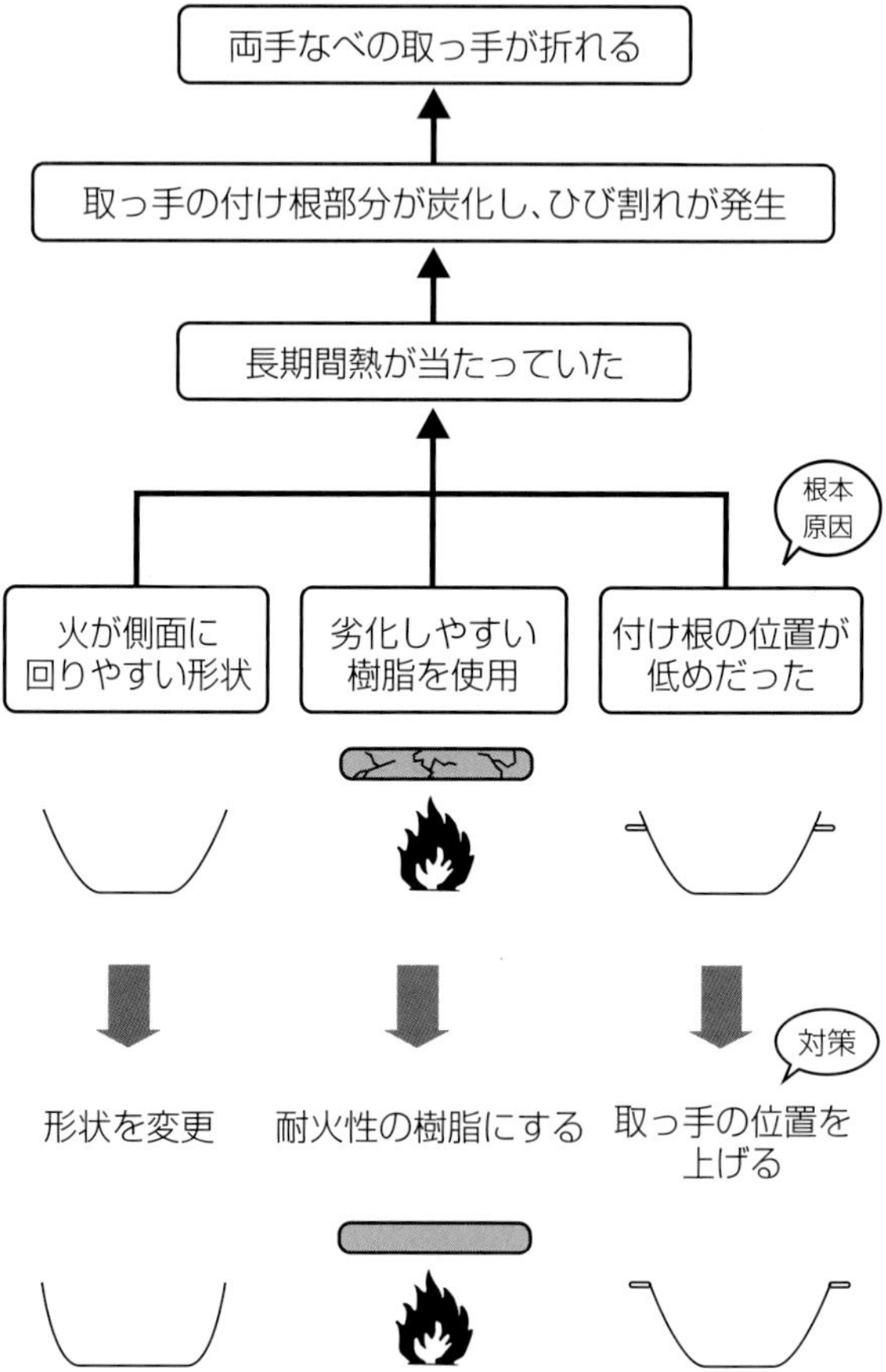
両手なべの取っ手が折れる
取っ手の付け根部分が炭化し、ひび割れが発生
長期間熱が当たっていた
根本原因
火が側面に回りやすい形状
劣化しやすい樹脂を使用
付け根の位置が低めだった
対策
形状を変更
耐火性の樹脂にする
取っ手の位置を上げる

かどうかをチェックし、必要に応じて新たな要素（原因）を付け加えたり、矢印の位置を見直します。そして、根本原因に着目し、対策を考えます。このケースでは、取っ手の樹脂、なべの形状、付け根の位置の３つに根本の問題があると分かりましたので、これらについて対策を検討する必要がありそうです。

(3)【演習例題】期限内に調査を完了させるには？

マーケティング会社の調査員であるあなたは、外食産業の企業動向調査の依頼を受けました。レストランを対象に郵送でアンケートを行い、回答が不明な箇所や未記入の箇所について電話で回答者に確認し、情報を補った上で、集計・分析を行う方法です。

ところが顧客に調査結果を報告する期日があと3週間後に迫っているのに集計作業に入れそうにありません。電話での確認作業に思いのほか時間を要しているためです。このままのペースでいくと1週間近く提出が遅れる見込みです。聞き取り要員を現状の3人から6人に倍増させれば予定の期日に間に合う計算になりますが、要因増が人件費率を高め、赤字になってしまいます。フロー図を描き解決方策を見つけてください。

・問題を具体的に定義する

この問題を定義すると「要員増による赤字化」でしょうか。確かに期日に間に合わせることは重要ですから、要因を増やすことが必要な気もします。しかし、期日に間に合わせるための方法は必ずしも「要員増」だけとは限りません。対処方法を決めつけてしまってはより良い問題解決の道を探ることを自ら放棄してしまうようなものです。ここでの問題は「報告期日の遅延」としたほうが適切です。

・原因を探る

この問題の直接の原因は「電話での聞き取りに想定以上の時間がかかる」ことです。この原因に対処するなら、「聞き取り要因の増員」という対策が考えられます。しかし、人件費の増加による赤字化という別の問題を引き起こします。もう少し突き詰めて考えてみることにしましょう。

「想定以上の時間がかかる」というときの「想定」とは何でしょうか。そもそも作業期間の読みが甘かった可能性はなかったでしょうか。

今回の調査期間の設定は過去の類似調査を参考にしています。つまり今回、アンケートを行う対象の企業数、質問項目の数を踏まえると、過去の例から言えば、電話での聞き取りは2週間もあれば完了するという算段でした。「想定」には確かにこのような根拠があるようです。過去の類似調査に照らして業務量が同程度であれば、なぜ今回に限り聞き取り作業に手間取っているのでしょう。もしかすると聞き取り作業を担当している3名の調査員のレベルに問題があるのかもしれません。しかし調べてみると、調査経験の豊富なスタッフであることが分かりました。

次に考えられるのは、企業の回答に誤記入や未記入が多く、電話での確認が増えてしまっているのかもしれません。ところ

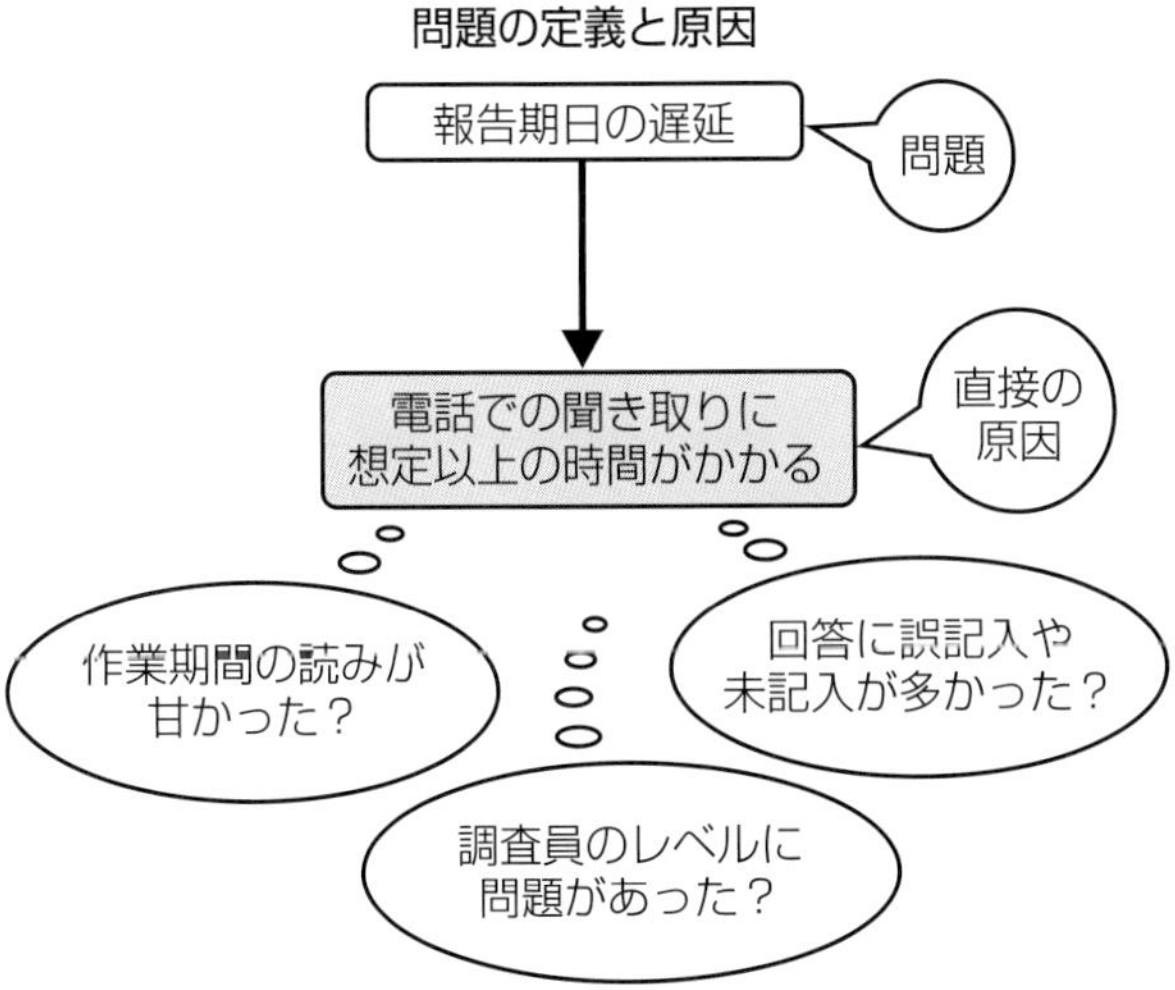
問題の定義と原因
報告期日の遅延
問題
電話での聞き取りに
想定以上の時間がかかる
直接の
原因
作業期間の読みが
甘かった？
回答に誤記入や
未記入が多かった？
調査員のレベルに
問題があった？

が、類似調査の誤記入率および未記入率と今回のそれらとを比べたところ、大きな差はありませんでした。

質問数が特段多いわけではなく、調査員のレベルも低いわけではない。回収されたアンケートの誤記入や未記入が多いわけでもない。それなのに聞き取り作業が通常の2倍かかっている。こうなると、「一質問当たりの聞き取り時間が長い」こと以外には考えられません。

・図を描き解決の糸口を探る

因果関係を示したフロー図をあらためて眺めながら考察を深めます。

調べてみると、やはり1つの回答を聞くのに、普段の倍近く要していることが分かりました。集計に求められる精度以上に丁寧に聞き取りを行っていたのです。今回の集計に必要なレベルを聞き取りの調査員に十分に伝えていなかったことが根本原因と考えられます。回答者から確実に聞き取らなければならない内容を明示し、それ以外は確認しなくてよいことを伝え、聞き取り作業を行うことで予定の期日に間に合わせることができそうです。

解決の糸口を探る

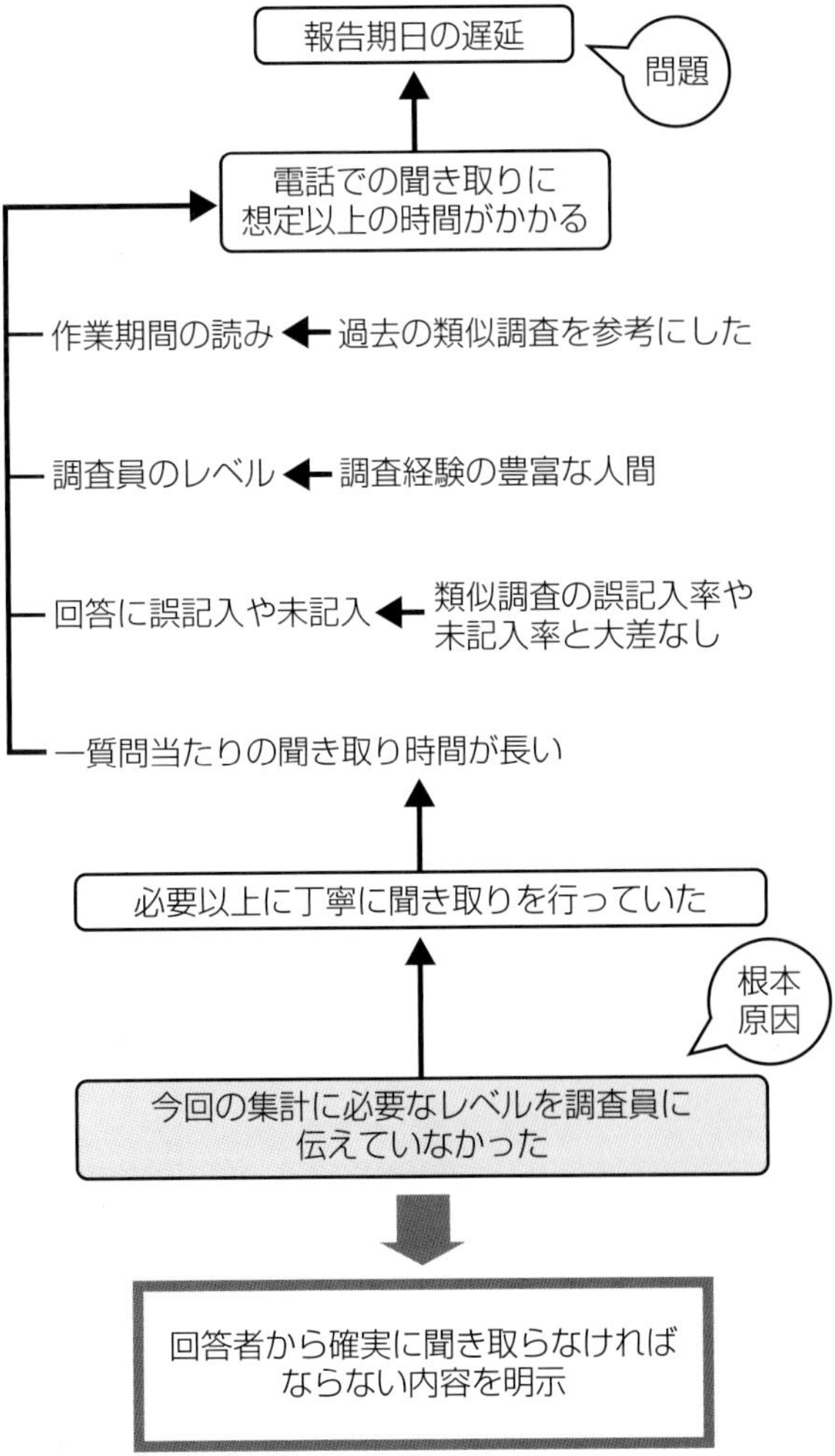
報告期日の遅延
問題
電話での聞き取りに
想定以上の時間がかかる
作業期間の読み
過去の類似調査を参考にした
調査員のレベル
調査経験の豊富な人間
回答に誤記入や未記入
類似調査の誤記入率や
未記入率と大差なし
一質問当たりの聞き取り時間が長い
必要以上に丁寧に聞き取りを行っていた
根本
原因
今回の集計に必要なレベルを調査員に
伝えていなかった
回答者から確実に聞き取らなければ
ならない内容を明示

4　対立する視点を統合する［問題解決ベン図］

(1)　対立する主張の両立

仕事上の問題は、その人の立場や経験、知識の深さなどによって見え方が異なるものです。営業部での売り上げ額が目標に達していなければ、若い営業員は「上司にしかられる」と恐れ、上司は「役員を前にして経営会議をどう乗り切るか」に気をもんでいるかもしれません。問題の捉え方が異なるのであれば、解決策も異なってきます。そのため、複数の関係者すべてに納得のいくような解決を図るのは、実はそう簡単なことではありません。

とくに主張の対立が問題そのものを生んでいるのであれば、両者のどちらか一方の立場に立つこともできません。しかし仕事は通常、複数のメンバーで行うものであるため、考えや意見、主張の対立は日常的に生じるものです。解決は難しくても、関係者が合意できる答えを探すことはやはり必要になるでしょう。

(2)　問題解決ベン図の描き方

相反する主張を両立させる解を見つけるには、「ベン図」は最も適した図解手法です。

手順は、[1]双方の主張の背景にある価値観を探る→[2]両者の接点を探る→[3]図を精査し解決の糸口を探る、です。

第一ステップの「双方の主張の背景にある価値観を探る」は、各々の主張を成り立たせている考え、発想、意識、価値観を推測する段階です。ここでは対立する意見を持つ二者の価値観を探り、それらをキーワードとして表現します。

たとえば、提案書を作成する上で最も力点を置くべきことが、「顧客のニーズを十分に反映した提案」なのか、「当社が十分な利益を確保できる見積もり」なのかは、時と場合と内容によって異なり、一概には言えません。

直属の上司である課長は「顧客のニーズ」を重視しており、部長は「当社の利益」を重視しているとします。

問題解決ベン図を描くステップ

[1] 双方の主張の背景にある価値観を探る

[2] 両者の接点を探る

[3] 図を精査し解決の糸口を探る

第二ステップの「両者の接点を探る」は、2つの価値観を両立させる道を探る作業です。どのような視点であっても、一見相反するように見えて、両立する余地は必ずあると考えることが出発点です。このケースの場合は、「ニーズ」と「利益」の2つの視点を踏まえることなので、下図の円の重なる領域にある解を探ることにほかなりません。

第三ステップの「図を精査し解決の糸口を探る」は、この図をもとに考察を深め、双方の両立を探る段階です。利益を十分に確保しつつ顧客のニーズを最大限に反映することは不可能なようです。ならば提案書の工夫をしてはどうでしょうか。

接点と解決策を探る

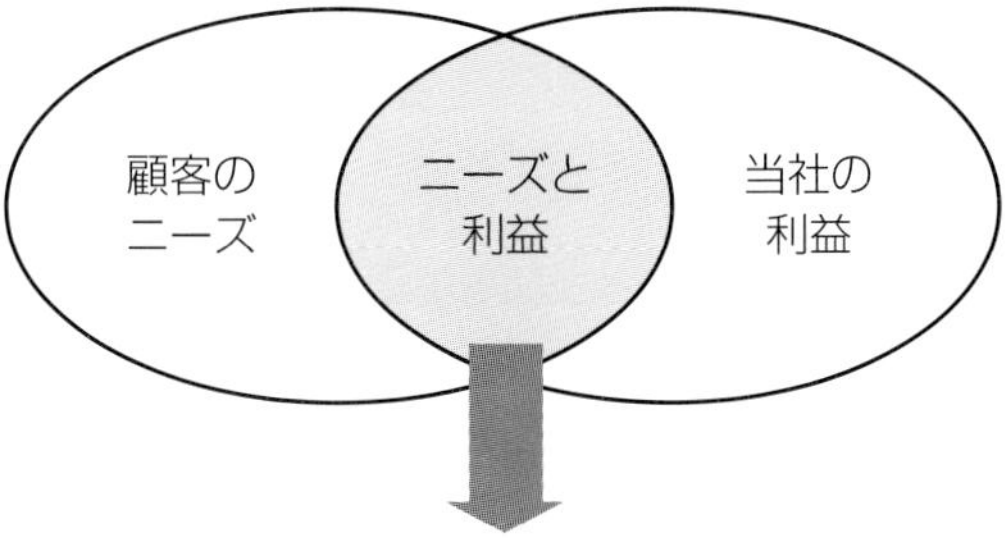

基本業務の部分、追加業務①、追加業務②というように、どの業務まで行えばいくらかかるかを顧客に分かりやすく示す方法が考えられます。

このようにすればこちらが一方的に提示するのではなく、顧客に選んでもらうことが可能です。なお、2つの円が重なる領域に当てはまる解は1つとは限りません。顧客のニーズを最大限反映した高スペックかつ高費用の提案と、顧客の予算規模に配慮した必要最低限の業務内容による提案の2パターンを示すのも手です。いくつかの解決策が考えられる場合は、その中からより良い案を1つ選べばよいでしょう。

(3) 【演習例題】開発担当と販売担当の対立を解消するには？

今年のクリスマスまでに販売を予定している新製品のゲーム機の開発担当のC氏は、社長であるあなたに、開発期間の延長を申し入れてきました。一方、販売担当のS氏は予定通り販売したいと主張して譲りません。

ベン図を描いて、この問題の解決策を探ってください。

・双方の主張の背景にある価値観を探る

C氏は開発者の立場から、より良い製品をユーザーに提供したいと考えています。重視する価値観を一言で言うなら「製品の質」でしょう。一方、S氏は競合他社とのシェア争いに負けぬよう、他社が新製品を売り出すとうわさされている来年の1月より前で、しかも財布の紐が緩みやすい年末に売り出したいと考えています。つまり重視する価値観は「発売時期」です。

製品の質を重視しているC氏の主張は発売時期をずらしても、より完璧な製品を発売することです。ただ、質の高さを追求する根底には、開発者として納得のいく製品を世に送り出したいとの思いが見え隠れし

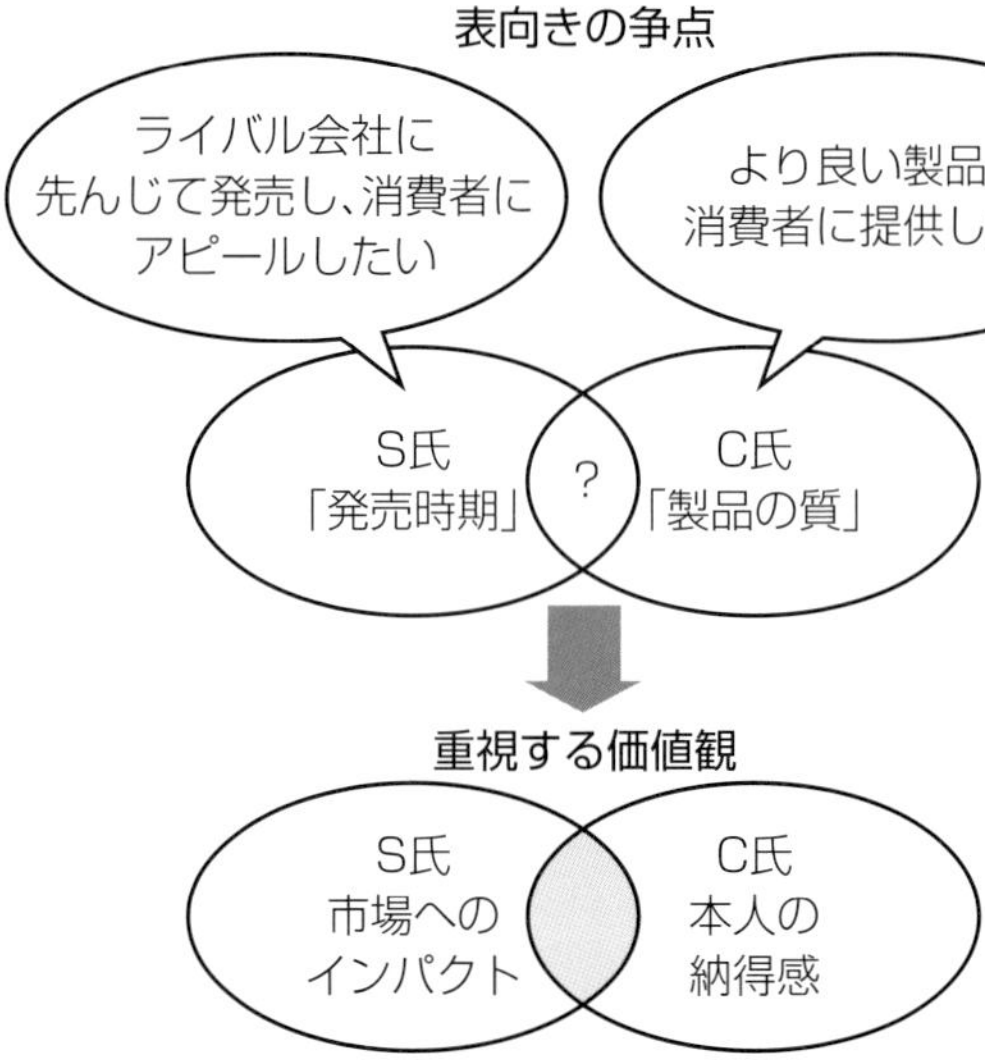
表向きの争点
ライバル会社に
先んじて発売し、消費者に
アピールしたい
より良い製品を
消費者に提供したい
S氏
「発売時期」
?
C氏
「製品の質」
重視する価値観
S氏
市場への
インパクト
C氏
本人の
納得感

ます。

発売時期を重視しているS氏の主張は、完成度は多少低くても売れ行きが良いと見込まれるタイミングで発売したいというものです。さらに言えば市場へのインパクトが大きくなる発売の仕方をしたい、というのが本音と推察されます。

つまり、表向きの争点は「発売時期」と「製品の質」ですが、それぞれが重視する価値観は本当のところ、各々「市場へのインパクト」と「（開発者としての）本人の納得感」であると思われます。

・両者の接点を探る

このどちらかのみをとるのでなく、両者をとる道を探るのが「問題解決ベン図」で

両者の主張を反映した解決策

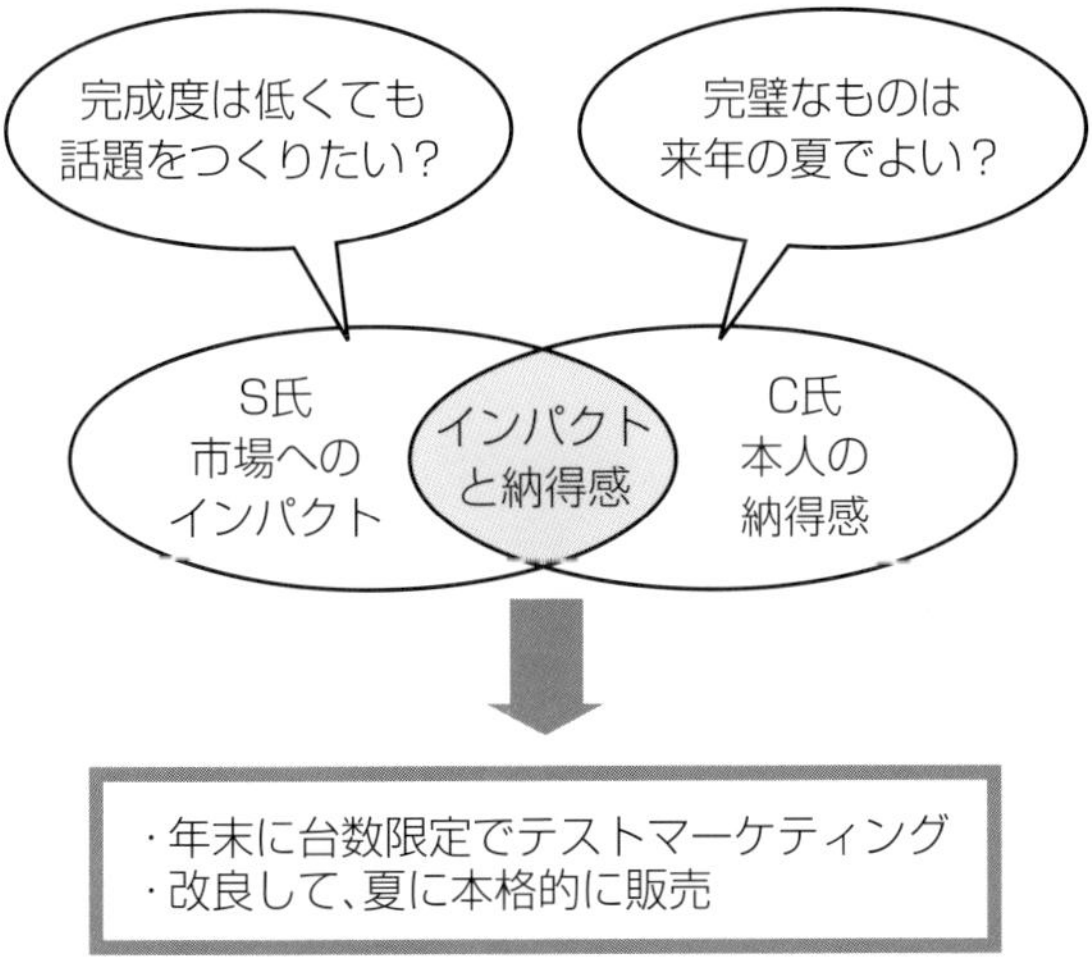
完成度は低くても
話題をつくりたい？
完璧なものは
来年の夏でよい？
S氏
市場への
インパクト
インパクト
と納得感
C氏
本人の
納得感
・年末に台数限定でテストマーケティング
・改良して、夏に本格的に販売

す。両方をとる1つの方法は、2つのレベルの質と2段階の発売時期を設定することです。

・図を精査し解決の糸口を探る

S氏は、適切なタイミングで商品を投入できさえすれば、その商品は必ずしも完全版でなくてもよい、と考える可能性があります。たとえば、テスト販売のように数量限定での発売であっても話題性はあるからです。C氏は、本人の納得のいく製品が最終的に発売できるのであれば、年末までに試作品を作ることには同意してもらえるかもしれません。

つまり、1段階目は台数限定のテストマーケティングと位置づけ、そこで得られたユーザーの意見を踏まえて改良し、2段階目として来年の夏に本格発売するという方法です。このようにすれば両者の主張をそれなりに反映させることができます。

［Ⅳ］

意思決定力を高める

1　意思決定力を高めるポイント

(1)　ビジネスとは決断の連続

「ビジネス」と「意思決定」は切っても切れないほど強く結び付いた概念です。管理職ならなおさらですが、新人や若手であっても、任された業務の中でどれから手をつけるべきか、あるいは、顧客に対してどのような営業アプローチを行うのがよいかなど、日々何らかの意思決定を行っているはずです。

費用がかからず質の高い発注先を選んだり、最も効果的な販売促進策を採用したり、どの仕事から着手するかを決めたりするなど、さまざまな意思決定を行いながら私たちは仕事を進めています。意思決定は特別な行為ではなく、ごく自然で日常的な行為であるため、この能力を高めることは重要です。

意思決定とはいくつかの選択肢の中から1つを選びとることを意味します。広く捉えれば、1つも選ばないこともその中に含まれます。すべてを同時に選択できない場合は、何を選んだとしてもとりこぼしたものがあります。各々の選択肢の先にある結果をできる限り的確に予測し、より望ましい結果が見込まれる選択肢を選ぶ力、それが意思決定力であると言えます。

(2) 「選択肢の明確化」と「判断軸の設定」

意思決定のプロセスには、選ぶべき「選択肢」の明確化と、選ぶ根拠となる「判断軸」の設定が不可欠と言えます。まず、選択肢はいわゆるMECE（もれなくダブりなく）である必要があります。どの選択肢を選んでも目的を遂行できなかったり、選択肢同士の内容が重なり合っていれば、適切な選択が行えないからです。次に、判断軸の設定については、意思決定の目的から、

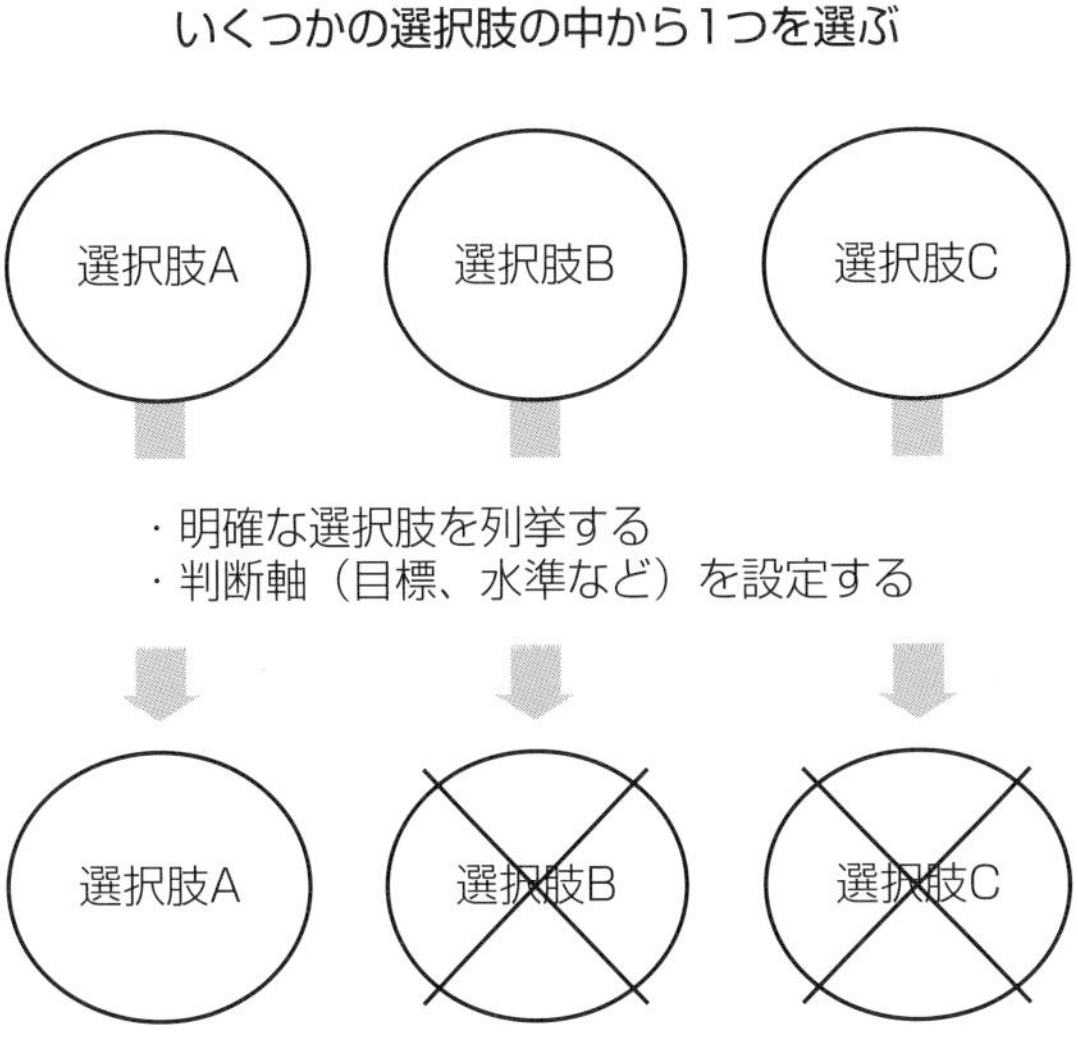
いくつかの選択肢の中から1つを選ぶ
選択肢A
選択肢B
選択肢C
・明確な選択肢を列挙する
・判断軸（目標、水準など）を設定する
選択肢A
選択肢B
選択肢C

満たすべき水準、目指すべき目標、意思決定の効果（メリット）を洗い出す必要があります。これらの要素をチェック項目としつつ、選択肢を吟味することとなります。つまり、意思決定で最も重要なことは、真の目的を十分に見定めることです。これらの作業には原因分析と同様、高い論理力が求められます。

・**最適解を選ぶ「マトリクス図」**

選ぶべき道が多く、その中から1つだけを選ばなければならない場合、私たちは戸惑いが大きくなります。このようなとき、1つひとつの選択肢を列挙し、吟味しながらより良い1つを決定する必要があります。どのような選択肢であってもプラス面とマイナス面があるものであり、両者を総合的に検討するのにマトリクス図が適しています。

・**客観性の高い解を見つける「点グラフ」**

意思決定の際に必ず生じてしまう主観性をできるだけ取り除き、客観性を高めるための方法の1つに「評価の定量化」があります。2軸で構成された平面の上に選択肢を配置することで視覚的に最適の解を見つけるには点グラフが適しています。

・**シナリオを〝見える化〟する「4色マップ」**

2～3個程度の選択肢の中から1つを選ぶ場合でも、その決定が多大な影響を及ぼすもので

意思決定マトリクス図

	プラス面	マイナス面	評価
選択肢1			
選択肢2			
選択肢3			

意思決定点グラフ

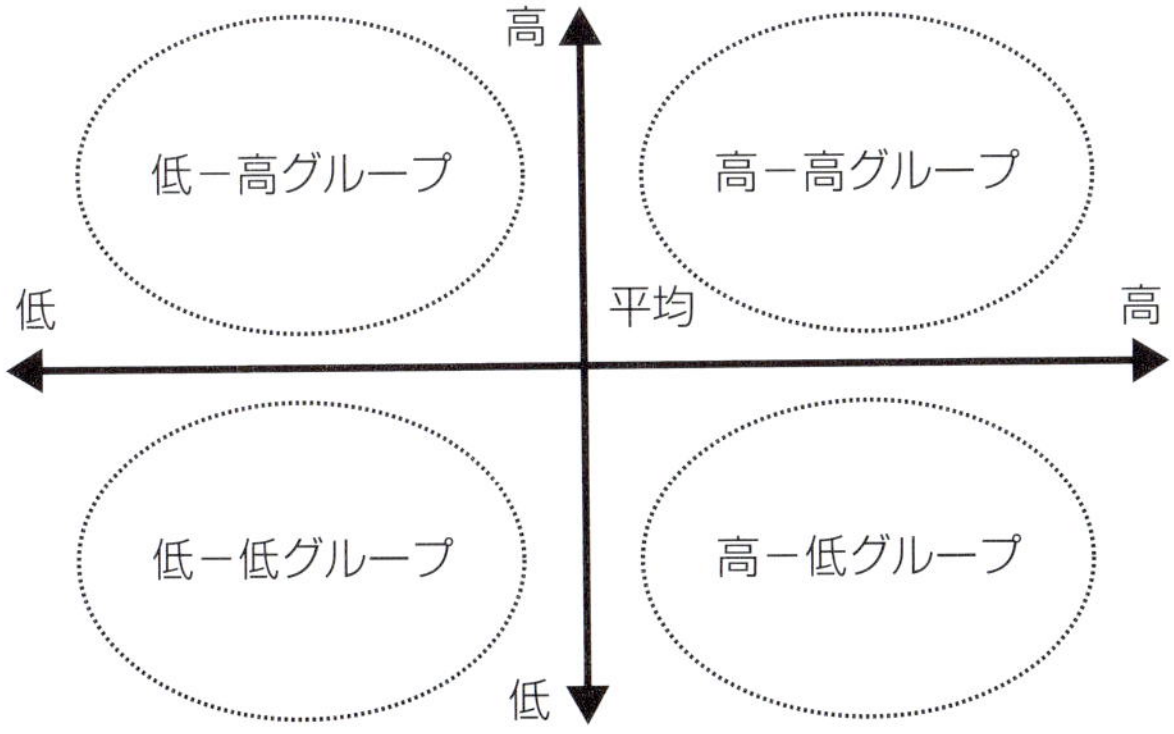
高
低－高グループ
高－高グループ
低
平均
高
低－低グループ
高－低グループ
低

意思決定4色マップ

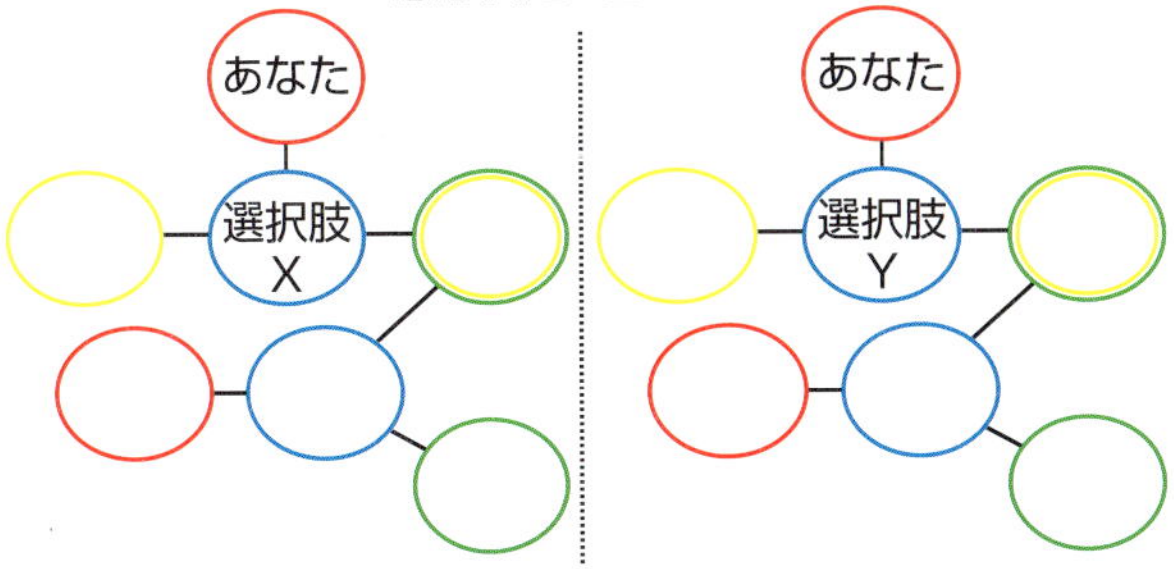
あなた
選択肢
X
あなた
選択肢
Y

あるならば、慎重に検討を進める必要があります。1つひとつの選択肢の背景情報、選択の結果、生じることが予想される状態などを整理し分析するには、4色マップが適しています。

2　最適解を選ぶ［意思決定マトリクス図］

(1)　目的達成の手段は1つではない

仕事には必ず「目的」があります。ただし、その目的を達成するための手段は1つとは限りません。

たとえば、広報担当が同社の新サービスを顧客にアピールしなければならない場合、パンフレットを作成して送付する、イベントを開催してお披露目をする、メールマガジンの登録会員に案内するなど、その内容や目的によってさまざまな手法が考えられます。

教育・研修の担当者が、中堅社員向けの新しい研修プログラムを周知させたい場合、個別に連絡する、説明会を開く、社内のイントラネットに情報を流すなど、時間的、費用的な制約、対象者の人数などによって最適な方法は変わります。

どのような順序で顧客を訪問すべきか、どの資料から作成するか、といった「日常作業」における選択も含めれば、私たちビジネスパーソンにとって、選択と決定を行わない日はおそらくありません。そのため、選択と決定に多くの時間を費やしていたら、実際の業務にかける貴重な時間が奪われてしまいます。そして簡単な選択はともかく、少し高度で選択肢の多い選択の場合は、とくに図解を活用するとよいでしょう。

(2)　意思決定マトリクス図の描き方

複数の選択肢の中から1つだけを選ぶのが難しいのは、通常、どのような案にも良い面と悪い面があるからです。両者を比較考量しつつ、総合的に判断をする必要があります。したがって、表側には各々の選択肢、表頭にはプラス面とマイナス面、総合評価の3項目を取り上げます。

手順は、①目的と選択肢を整理する、②プラス面およびマイナス面を列挙する、③図を精査し評価する、です。

意思決定マトリクス図を描くステップ

1 目的と選択肢を整理する

2 プラス面およびマイナス面を列挙する

3 図を精査し評価する

第一ステップの「目的と選択肢を整理する」では、まず、今回の意思決定の「目的」を明確化します。これが最終的な評価の根拠になります。たとえばある機器メーカーが、同社の新技術を用いた製造ラインの導入を顧客に売り込むために、そのプレゼンテーションの方法を検討する場合を考えてみます。今回のプレゼンの目的を、「効果的に新製品をアピールし、導入を働きかけること」としましょう。

また、選択肢については、ダブりがないこと、レベルが同じことを確認しながら列挙します。プレゼンの方法としては、①紙のプレゼン資料を持参し説明する、②プロジェクターを使ってパワーポイントで説明する、③先方の担当者を同社に招き、新製品を見せつつ説明する、の3つを思いついたとします。これらが選択肢となります。

第二ステップの「プラス面およびマイナス面を列挙する」では、各々の選択肢について、長所と短所を考える作業です。「紙のプレゼン資料での説明」は、新製品の開発の背景や特徴などを丁寧に説明することができる反面、インパクトにはやや欠けます。「パワーポイントによるプレゼン」は視覚に訴える分かりやすい説明ができる反面、多くの情報を伝えることには限界があります。「担当者を招いて現物を見せる」方法は、アピールすべき内容を最も具体的に伝えることができますが、顧客は足を運ばなければならず、手間をかけさせることになります。

第三ステップは、「図を精査し評価する」です。

では、それぞれはどのように評価できるでしょうか。

今回のプレゼンの目的は効果的に新製品をアピールし、導入を働きかけることです。この観点に立って3案を比べ、導入してもらうためには実際に現物を見たり触れたりしてもらえる③の案が最も良いと結論づけました。

プレゼンの選択肢と評価

目的＝効果的に新製品をアピールし、導入を働きかけること

プレゼンの方法	プラス面	マイナス面	評価
①紙のプレゼン資料で説明	背景や特徴などを丁寧に説明できる	インパクトにはやや欠ける	△ 情報量は多いが分かりにくい
②プロジェクターを使って説明	視覚に訴える分かりやすい説明ができる	多くの情報を伝えることには限界あり	○ 分かりやすいが具体的ではない
③現物を見せて説明	内容を最も具体的に伝えることができる	顧客が足を運ばなければならない	◎ 具体的にアピールできる

(3)【演習例題】より効果的なPRの方法は？

家電メーカーの広報部門に配属されているあなたは、新しい家電製品を売り出すために宣伝広告を行おうとしています。どのようなメディアを用いるかは、ある程度固まってきていますが、1つに絞りきれていません。マトリクス図を使って、より望ましい宣伝方法を検討してください。

・目的と選択肢を整理する

ＰＲの目的は、新しい家電製品を消費者に認知してもらうことですが、この家電製品の特性上、とりわけＩＴ機器になじみの深い若いビジネスパーソンが中心ターゲットとなります。発売地域は都市部あるいは地方部に限定せず、広く全国に広げる必要があります。

なお、複数の競合他社が類似製品を発売しています。そこで、この新製品が他社の製品とどのように異なるのか、何が売りなのか、差別化のポイントについてアピールするため、機能や使い勝手、活用方法などをできる限り具体的に消費者に情報提供できることが求められます。

また、ＰＲの方法としては、①テレビＣＭ、②新聞広告、③雑誌広告、④プロモーションイベント、のいずれかを考えています。しかし、予算の関係でどれか1つだけを選ばなければならないとします。

・プラス面およびマイナス面を列挙する

まず①の「テレビＣＭ」については、大衆メディアとして信頼性が高いこと、短期間、広範囲に浸透できることなどがプラス面として挙げられます。反面、費用が高いこと、ターゲットを限定できないこと、詳細な説明ができないことなどはマイナス面と考えられます。

②の「新聞広告」については、社会的な信頼性が高いこと、宅配により自宅に確実に届けられることがプラス面、費用が高いこと、若年層に弱いこと、細かなターゲット設定は困難なことが、マイナス面です。

③の「雑誌広告」については、高度なビジュアル表現が可能であること、単価が低いこと、訴求対象を限定できることなどがプラス面で、申し込みから掲載までに時間がかかること、宣伝する地域の限定が難しいこと、働きかけが購読者に限られることなどがマイナス面と考えられます。

最後に④の「プロモーションイベント」については、訴求力が高いこと、映像や音声などを組み合わせられること、対象者層を限定させやすいことがプラス面です。反面、参加を促すのが難しいこと、宣伝できる地域が限定されること、働きかけが参加者に限られることがマイナス面です。

・図を精査し評価する

これらの情報をマトリクス図に落とした上で「評価」の欄を埋めます。このときに重要なことは、「地域を限定せず、主にＩＴ機器になじみの深い若いビジネスパーソンに対して、新しい家電製品の差別化のポイントを具体的に情報提供したい」という今回の目的に対し、プラス面が大きく寄与し、マイナス面の影響が少ない選択肢を探すという観点です。逆に言えば、この目的と無関係の情報については、プラス面、マイナス面どちらの情報も考慮する必要はありません。

テレビＣＭは高齢者や主婦、子どもなど、ビジネスパーソン以外へも働きかけることとなり、ターゲットが限定されません。逆にプロモーションイベントは地域が限定されてしまいます。ビジネスパーソンがよく使うメディアである新聞やビジネス雑誌であれば、非購入層に宣伝する無駄が省け、効果的にＰＲできます。加えて雑誌広告であればＩＴ系の雑誌や若者ビジネスパーソン向けの雑誌に絞って広告を載せることが可能です。

したがって、今回は雑誌広告が望ましいとの結論に達しました。

PRの選択肢と評価

目的＝「地域を限定せず、主にIT機器になじみの深い若いビジネスパーソンに対して、新しい家電製品の差別化のポイントを具体的に情報提供したい」

	プラス面	マイナス面	評価
①テレビCM	・大衆メディアとして信頼性が高い ・短期間・広範囲に浸透できる ・映像や音声などを組み合わせられる	・費用が高い ・ターゲットを限定できない ・詳細な説明ができない ・瞬間的なため、反復・継続した広告が必要	△
②新聞広告	・社会的な信頼性が高い ・宅配により自宅に確実に届く ・掲載日を1日単位で指定できる ・全国への訴求が可能 ・広範囲な層にも地域限定にもできる	・費用が高い ・若年層に弱い ・細かなターゲット設定は困難	○
③雑誌広告	・高度なビジュアル表現が可能 ・単価が低い ・訴求対象を限定できる ・原則は全国対応	・申し込みから掲載までに時間がかかる ・宣伝する地域の限定が難しい ・働きかけが購読者に限られる	◎
④プロモーションイベント	・訴求力は高い ・映像や音声などを組み合わせられる ・対象者層を限定させやすい	・参加を促すのが難しい ・宣伝できる地域が限定される ・働きかけは参加者に限られる	○

注）下線は今回の目的に関係する情報

3　客観性の高い解を見つける［意思決定点グラフ］

(1)　判断を「数量化」する

意思決定には悩みがつきものです。通常の場合、いくつもの選択肢を同時に選ぶことはできませんから、どの選択肢を選んでも、ほかの選択肢を却下することになります。もしかするとほかの選択肢を選んだほうがより良い結果が待っていた、という可能性は常にありえます。自分が選んだ選択が最良であると自信を持つことができればよいのですが、経験のない事例であったり影響の大きな選択などの場合は、決断した後に後悔や不安が生じることもあります。

ただし数値を用いれば、少しだけ意思決定の客観性を高めることが可能です。すべての意思決定に活用できるわけではありませんが、自信を持って選択したい場合には、「判断を数量化できないか」を考えてみるのも1つの手です。

(2)　意思決定点グラフの描き方

判断を数値で行うには、「点グラフ」は最も適した図解手法です。手順は、①目的と候補を整理する↓[2]評価軸を数量化する↓[3]図を精査し評価する、です。

第一ステップの「目的と候補を整理する」は、評価を行う目的と対象を具体的に洗い出す作業です。たとえば、家電専門店の店舗開発の担当者が5都市の候補の中から、店舗を出店することで得られる収益が大きく、かつ、今後も拡大する地域を選びだしたいと考えているとしましょう。

まず、評価の目的を掲げます。この例では「収益が大きく、かつ、拡大する可能性の高い都市を見つけること」とします。

進出エリアはアジアの新興国である、①台湾のI市、②タイのK市、③インドネシアのB市、④シンガポールのA市、⑤中国のP市が候補に挙げられているとしましょう。

第二ステップの「評価軸を数量化する」では、収益を数値化することを考えます。ただし、見込まれる収益を想定

意思決定点グラフを描くステップ

[1] 目的と候補を整理する

[2] 評価軸を数量化する

[3] 図を精査し評価する

し数量化するのは難しそうです。ここでは、収益の大小に大きな影響を及ぼすキーワードを考えることにしましょう。たとえば「市場規模」はどうでしょうか。これなら「都市の人口×1人当たり消費額」で簡便に示すことができます。「市場規模」は「収益」そのものではありませんが、1つの目安になりそうです。

　今回の意思決定の目的は、「収益が大きいとともに、今後も拡大する都市を見つけること」ですから、「市場規模が大きい都市で、今後も市場規模が拡大する」と読み替えることができます。そこで1軸目を「現在の市場規模」、2軸目を「5年後の市場規模（予測）」とします。なお、「現在の

評価軸と数量化の方法

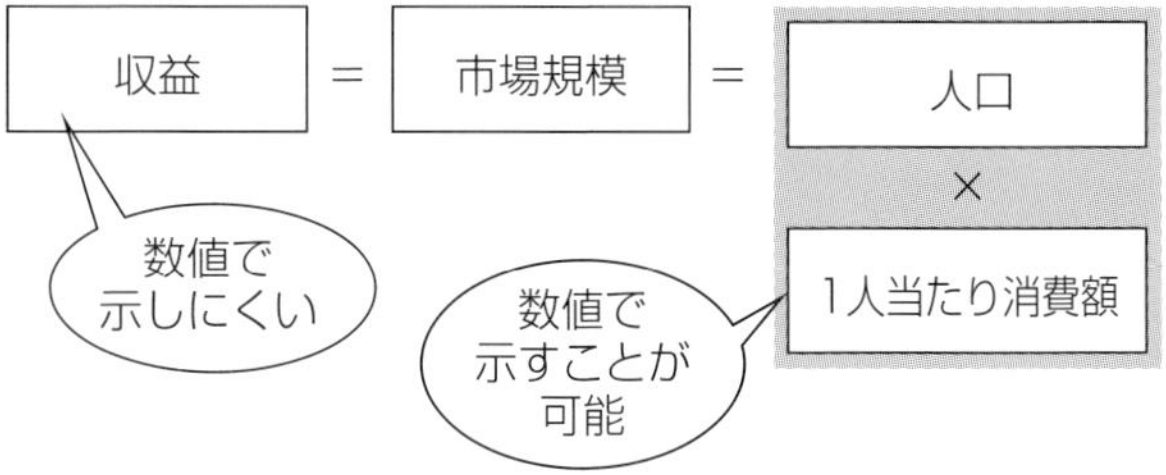
収益
=
市場規模
=
人口
×
1人当たり消費額
数値で示しにくい
数値で示すことが可能

評価軸

その1：現在の収益⇒「現在の市場規模」
　　　＝現在の都市人口×現在の1人当たり消費額
その2：今後の収益⇒「5年後の市場規模」
　　　＝5年後の推計都市人口×現在の1人当たり消費額

市場規模」は現在の都市人口と1人当たり消費額を掛け合わせて算出し、「5年後の市場規模」については、1人当たり消費額の変化は予測しにくいので、ここでは一定と仮定し、これに5年後の推計人口を掛け合わせて算出します。

第三ステップの「図を精査し評価する」では、5都市の違いを比較しやすくするため、平均値を原点に置き、平面上にプロットします。図を見ると、現在も今後も市場規模が大きいグループに属するのは、A市とB市になります。B市の市場規模は、現在はA市よりも小さいものの、5年後にはA市を大きく引き離し拡大すると予測されます。

5都市の違いを比較

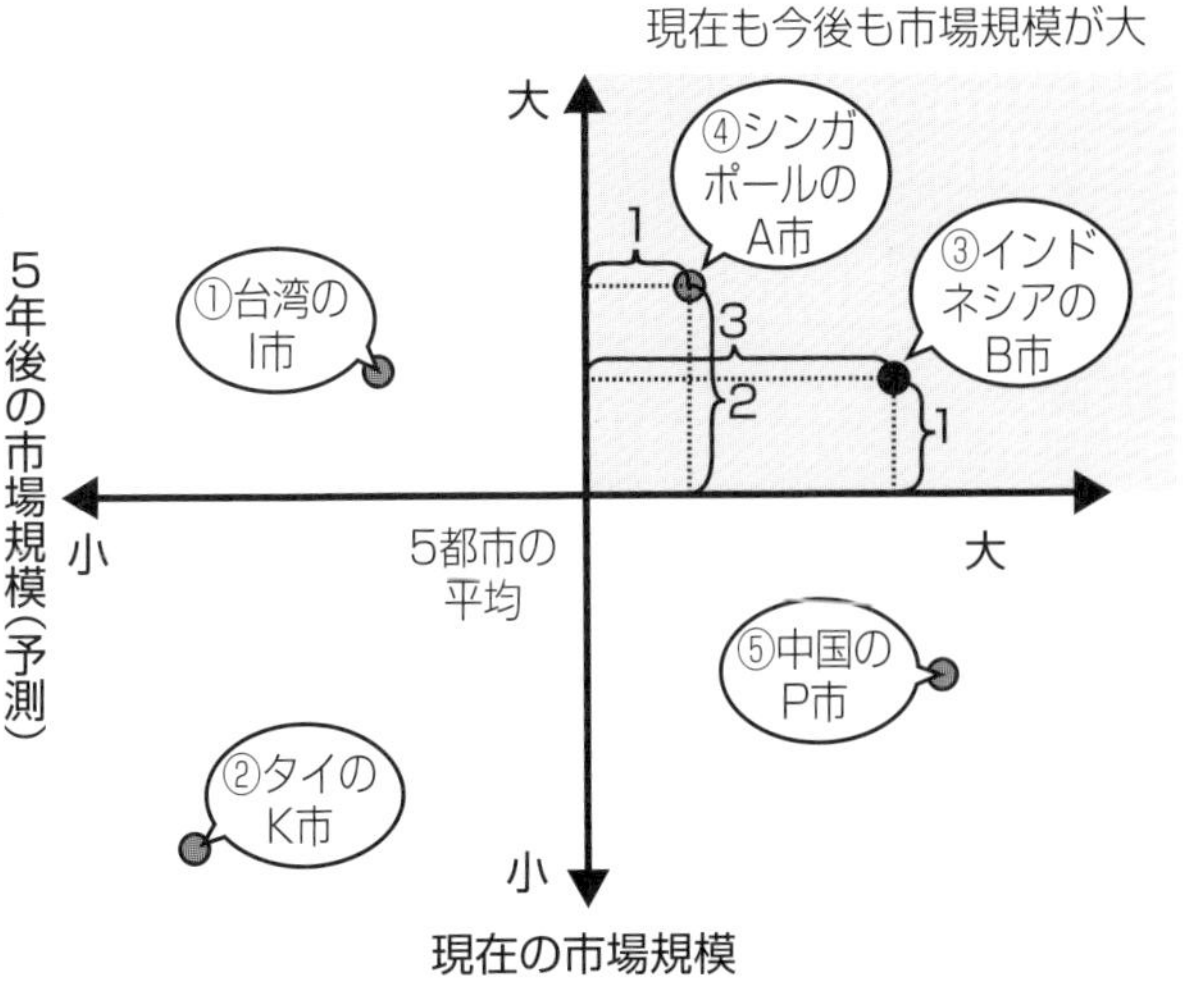
現在も今後も市場規模が大
大
④シンガポールのA市
③インドネシアのB市
①台湾のI市
1
3
2
1
小
大
5都市の平均
⑤中国のP市
②タイのK市
小
5年後の市場規模(予測)
現在の市場規模

この結果を踏まえると、「インドネシアのB市」に進出するのが適当と考えられます。

(3)【演習例題】有望な進出先を見つける

> 不動産会社に勤めるあなたは医療施設と商業施設を複合化した新たな施設を整備するため、建設会社を選定する必要があります。ただしオープンまでの期間が短く、早急に竣工させなくてはなりません。しかも医療施設と商業施設の複合施設という特殊な建物の設計ノウハウが要求されます。
> 点グラフを描き、最適な建設会社を見つけてください。

・目的と候補を整理する

まずは、今回の意思決定の目的についてですが、「特殊な設計ノウハウを持ち、短期間で設計から施工までを行える建設会社を短期間に選ぶこと」となります。選択肢となる候補の選び方に関しては、病院建築を手がけたことがあり、かつ、商業施設の設計にも慣れている建設会社ということで少し条件が厳しいため、病院と商業施設のどちらの設計も実績がある建設会社という以外はとくに条件を設けずにリストアップしてみます。

・評価軸を数量化する

この条件で候補が6社挙げられたとします。

評価軸の設定に当たって大切なことは、「『最適な建設会社』とはどのような要件を満たす会社なのか」を具体的にすることです。設計作業と建設を急いでいるのですから、第一は「短期間で設計と建設のできる会社」でなくてはなりません。ただし短いからといって設計のレベルや建設の技術が低いのも困りものです。たとえば、医療機能と商業機能を組み合わせて相乗効果を持たせられる設計の工夫も重要です。質を数量化するのは難しいですが、同種の案件を数多くこなしていればレベルが上がるとみなし、「類似プロジェクトの実績数」を見ることにしましょう。

要件を具体化する

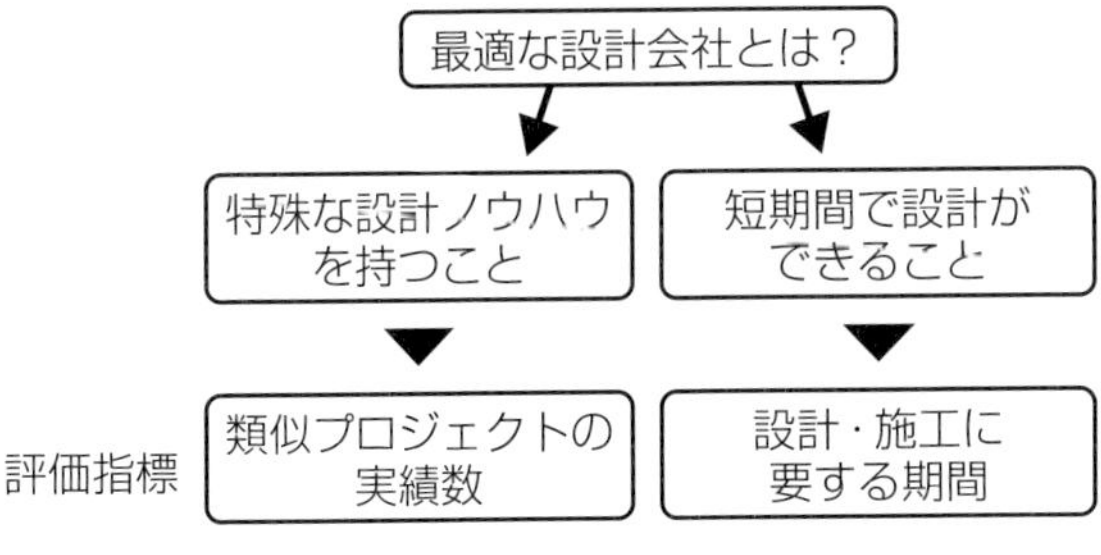

・図を精査し評価する

各社から見積もりと類似プロジェクトの実績表を入手するとともに、本件に要する設計・施工期間を確認しました。各社の設計・施工期間を横軸に、実績数を縦軸にとり、平均値を原点にしてプロットすると、下図のようになりました。

設計・施工期間は短く（図の左側）、実績数は多い（図の上側）ほうが適した会社と考えられますから、両者の条件をそれなりに満たしているのは、実績数としては2番目に多く、設計期間については3番目に短いA社と結論づけました。

・軸の重みが異なるときは？

この事例では、A社が最適との結論を得

各社の違いを比較する

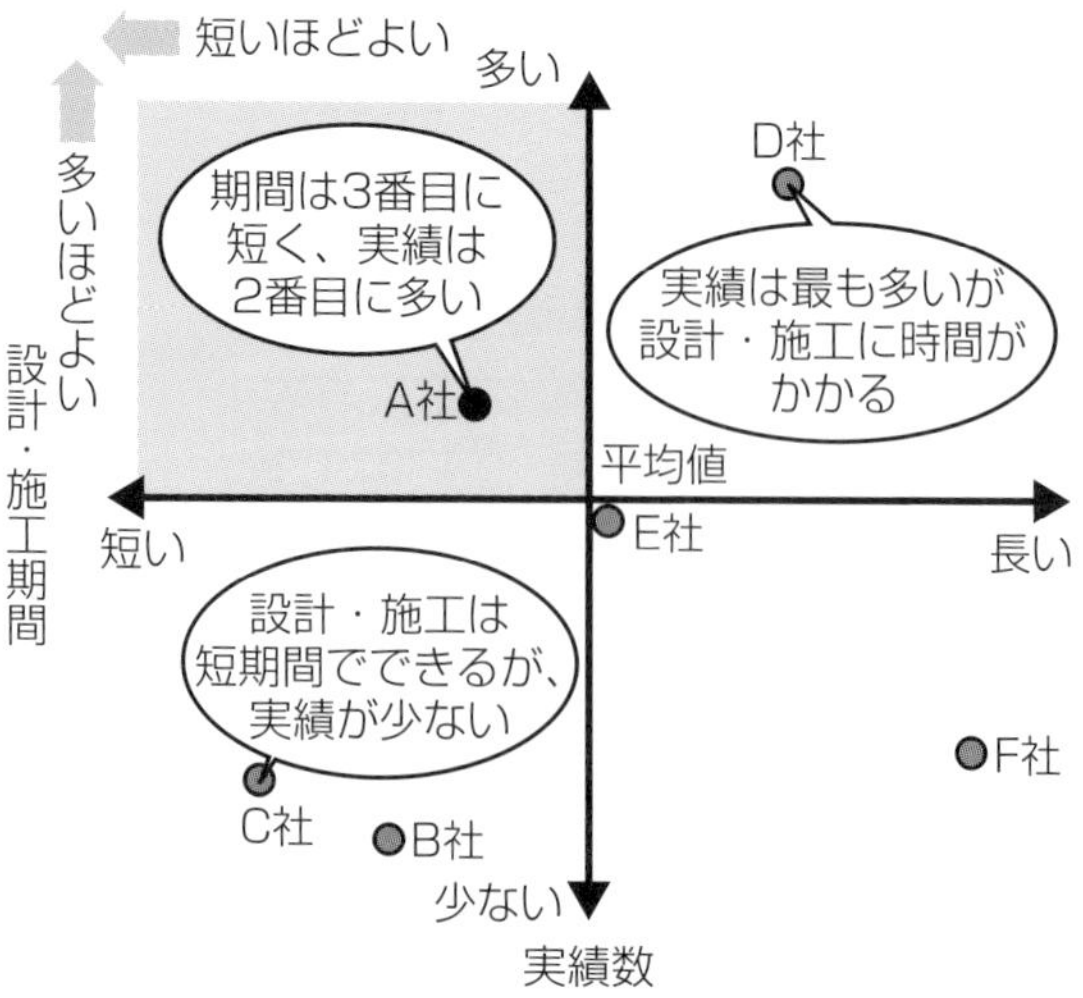
短いほどよい
多いほどよい
多い
少ない
実績数
短い
長い
設計・施工期間
平均値
期間は3番目に短く、実績は2番目に多い
A社
D社
実績は最も多いが設計・施工に時間がかかる
E社
設計・施工は短期間でできるが、実績が少ない
C社
B社
F社

ました。しかし、実績の豊富さよりも期間の短さが重視されるとなれば別の解になる可能性もあります。たとえば、18カ月以内にオープンすることが前提条件としたら、19カ月以上を要する会社はいくら実績が多くても除外されます。

また、施工などの期間が短く、実績の多い会社が複数出てきたとき、「期間」と「実績」のどちらを重視するかで答えが変わります。場合によればほかの情報を含めながら検討する必要があるかもしれません。

点グラフで数値化して表示すれば、定性的に検討するよりは主観を排しやすいですが、万能というわけではありませんし、自動的に1つの答えが導かれるわけではあり

前提条件を加える

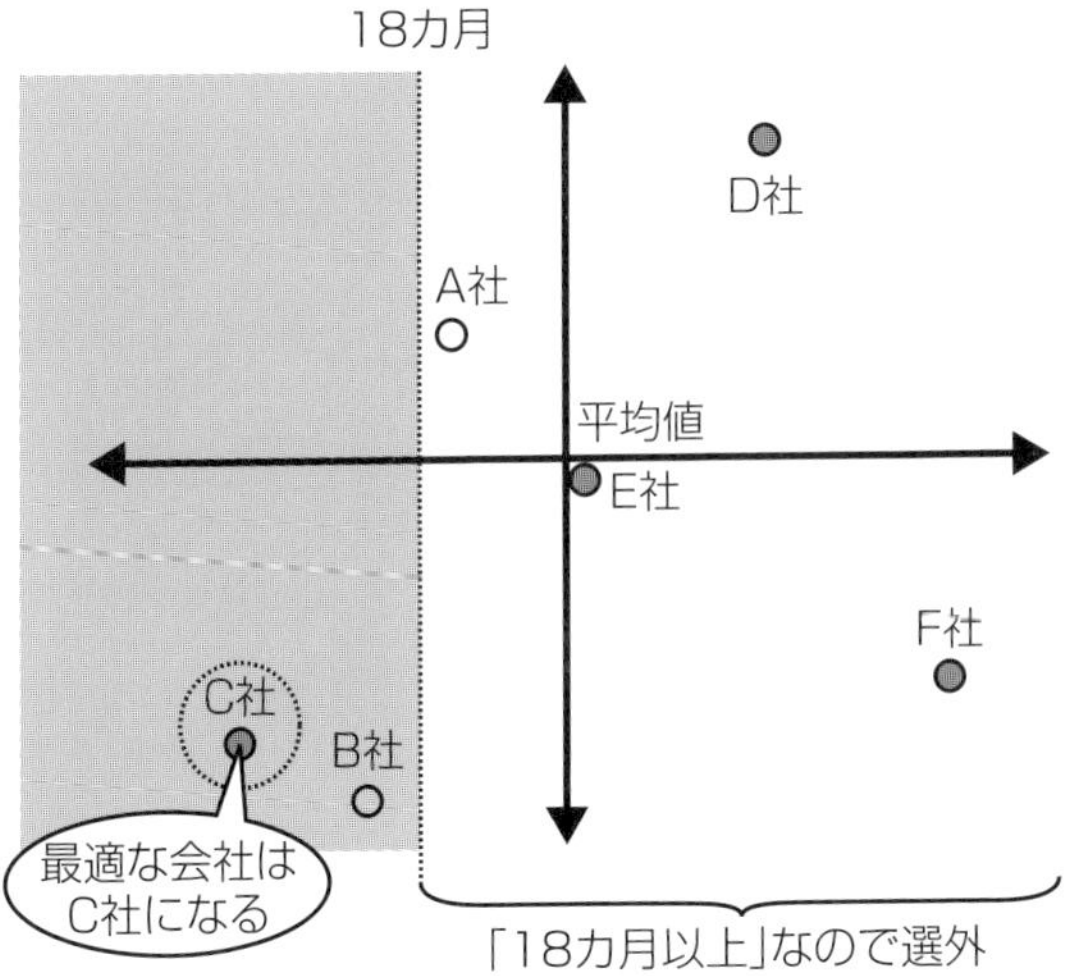
18カ月
D社
A社
平均値
E社
F社
C社
B社
最適な会社は
C社になる
「18カ月以上」なので選外

ません。図を見ながら最終的な判断はやはりあなた自身で行う必要があります。

4　シナリオを〝見える化〟する［意思決定4色マップ］

(1)「背景」と「影響」の視覚化

選択肢の数が2〜3個程度であっても、選択の結果が多大な影響を与えるものであれば、大いに悩むことになります。

そのような場合、これらの選択肢をじっくりと比較したいところです。この種の意思決定では、出した結論に対して、その考えの道筋や根拠を第三者に説明することが求められる場合も出てくるでしょう。あるいは、選択した結果、生じる効果や影響についても十分に吟味することが求められます。

判断に迷う意思決定のケースとは、立場によって見解に相違が生じるタイプが多く、逆に言えばこの種の意思決定は多面的な評価が大切と言えます。頭の中で漠然と考えているだけでは、考えが堂々巡りをしたり、瑣末な事項に気をとられる恐れもあります。

それぞれの選択を行う背景は何か、また、そのときにどのような影響が生じるのかを一望できるよう、図解を行うのが効果的と考えられます。

(2) 意思決定4色マップの描き方

複数の案を吟味するには4色マップが適しています。

手順は、[1]前提となる環境を整理する→[2]効果や影響を列挙する→[3]図を精査し評価する、です。

第一ステップの「前提となる環境を整理する」では、その選択の根拠や背景情報などを洗い出します。たとえば、重要案件の審議を行うための会議の開催および運営を任されている担当者が、来月の定例会議にかける案件に関わりの深いN部長が海外出張で出席できないため、会議を延期するか、予定通り開催するかの判断を求められているとします。「延期する」方針の背景には、「この案件の決定に大きな影響を持つN部長が欠席である」という点が挙げられます。

意思決定4色マップを描くステップ

[1] 前提となる環境を整理する

[2] 効果や影響を列挙する

[3] 図を精査し評価する

一方、この案件の対処期日が迫ってきており、会議を延期して別の日に開催した場合、決定後の対処期間が少なく、現場が混乱する恐れがあります。つまり「予定通り開催する」方針の背景には、「この案件の決定期日が迫っている」点が挙げられます。

第二ステップの「効果や影響を列挙する」では、その選択を行った結果、予測されるプラス面ないしマイナス面の波及を考察します。マイナス面を補う方法を4色マップに付け加えると次ページの図になりました。

このケースで言えば「会議を延期」した場合、決定後の対処が忙しいという点がマイナス、また、関係者の合意の下でスムーズに事が運べる点がプラス面の影響と思われます。一方、「会議を予定通り開催」した場合、N部長が決定プロセスに不満を持つ点がマイナス面、決定後に余裕を持って対処できる点がプラス面と言えます。

第三ステップの「図を精査し評価する」では、マイナス面の影響に対応する取り組みを追加しつつ、最終的にどのシナリオが望ましいかを評価します。決定後の対処に関しては、事前の準備により、短期間の対応が可能ですが、N部長の不満に関しては、丁寧に説明しても納得が得られるかは不透明です。したがって、会議を延期することが適切なようです。

延期した場合のプラス面・マイナス面

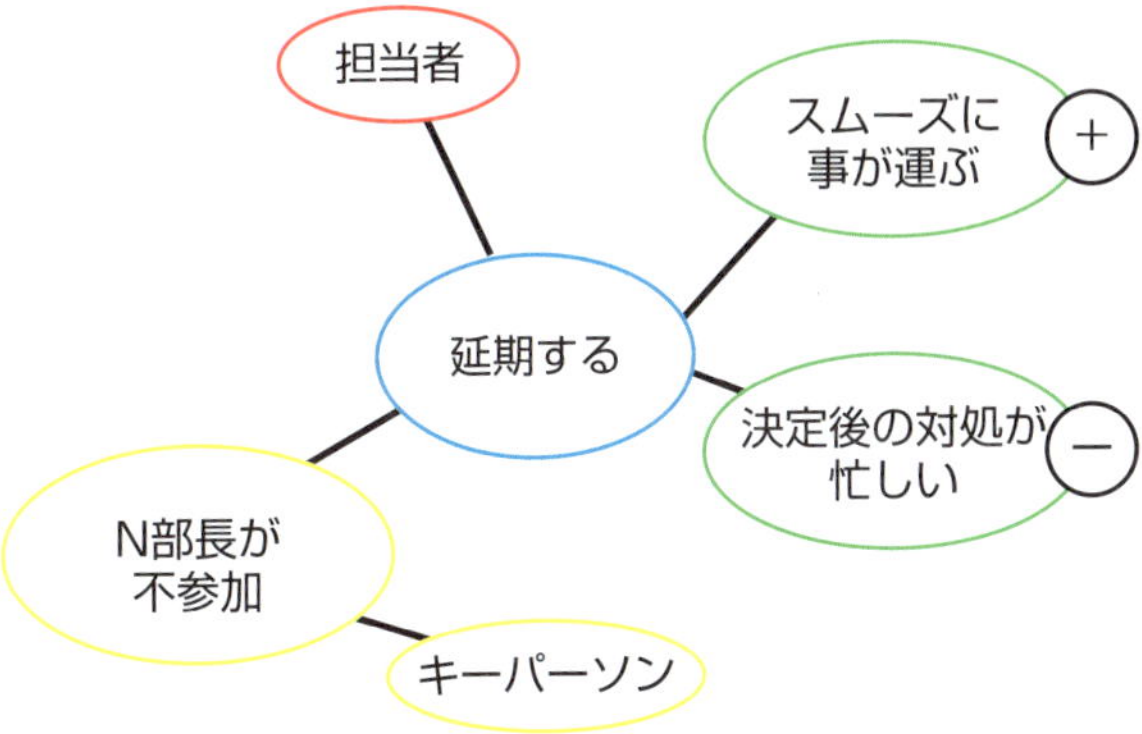
担当者
スムーズに
事が運ぶ
+
延期する
決定後の対処が
忙しい
−
N部長が
不参加
キーパーソン

予定通り開催した場合のプラス面・マイナス面

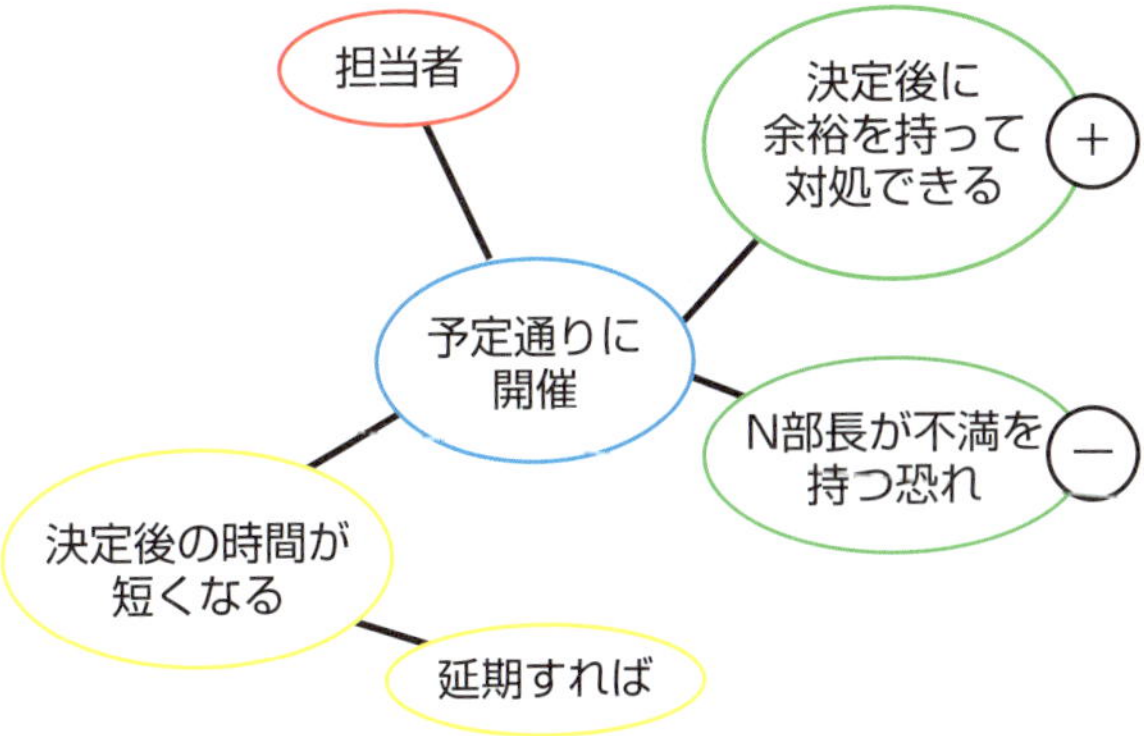
担当者
決定後に
余裕を持って
対処できる
+
予定通りに
開催
N部長が不満を
持つ恐れ
−
決定後の時間が
短くなる
延期すれば

延期した場合の対応策

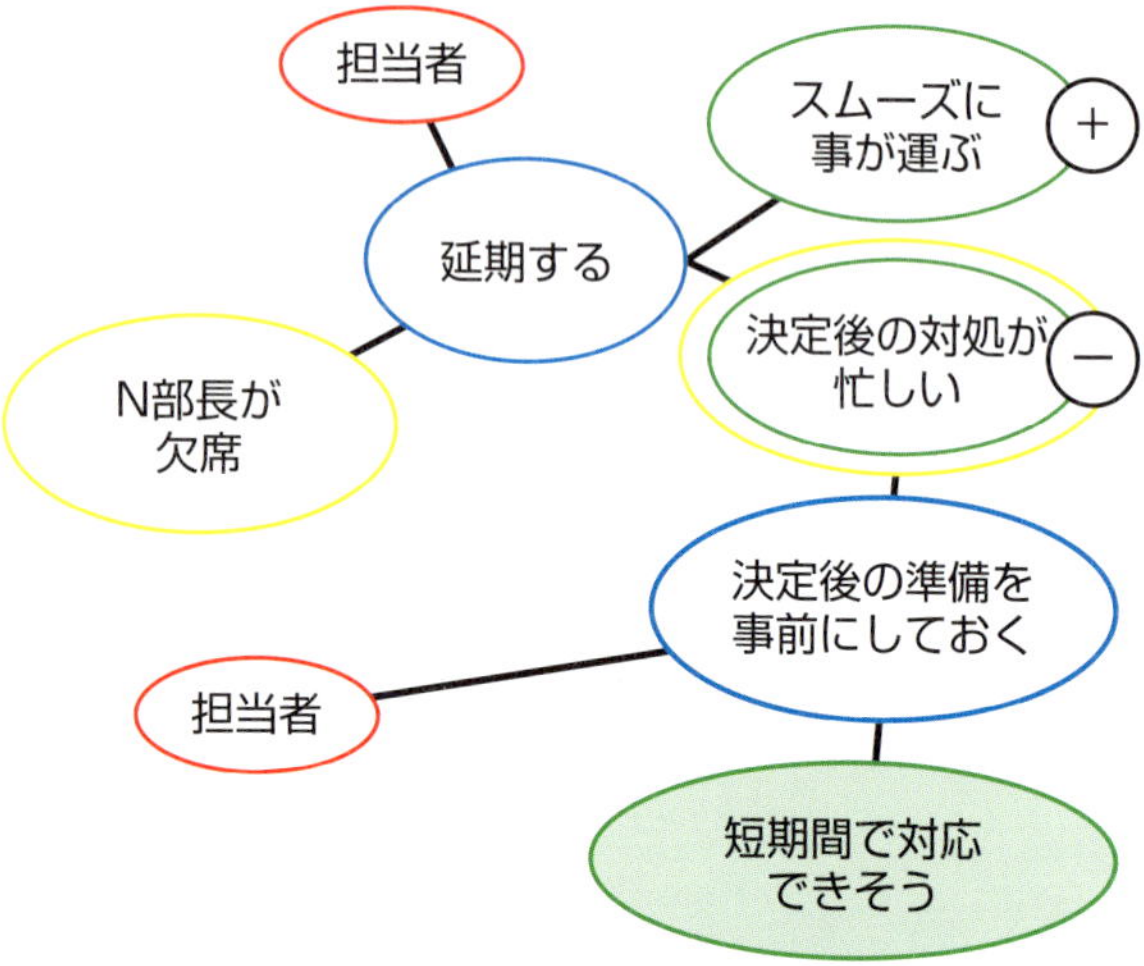
担当者
延期する
スムーズに事が運ぶ
+
決定後の対処が忙しい
−
N部長が欠席
決定後の準備を事前にしておく
担当者
短期間で対応できそう

予定通り開催した場合の対応策

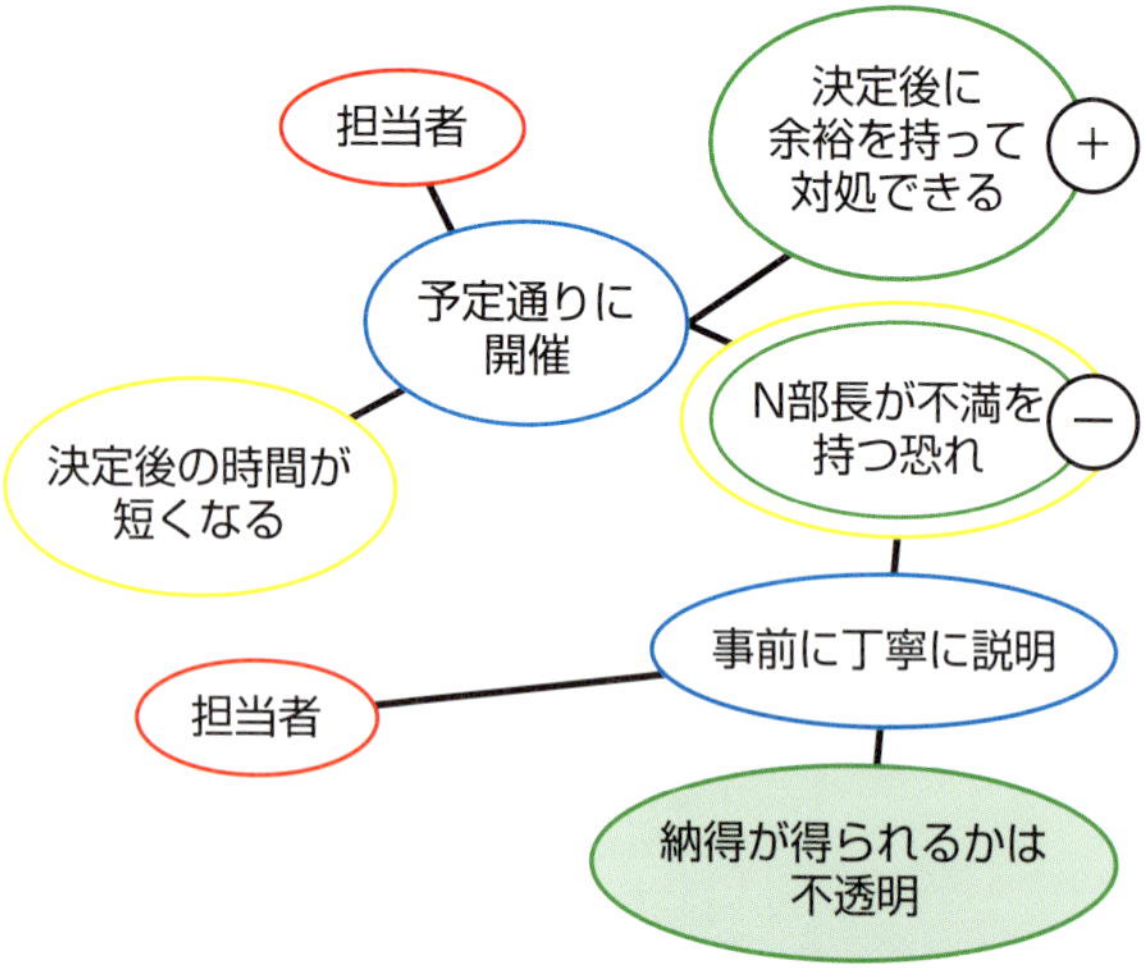
担当者
予定通りに開催
決定後に余裕を持って対処できる
+
N部長が不満を持つ恐れ
−
決定後の時間が短くなる
事前に丁寧に説明
担当者
納得が得られるかは不透明

(3)【演習例題】中国の工場を維持すべきか、撤退すべきか？

中国に生産拠点を整備するために現地の法人と組んで立ち上げた合弁会社があります。ところが予測した以上に売り上げが伸びず、赤字続きです。このため合弁会社の立ち上げに関与したあなたはこのまま事業を続けるのか、合弁会社をなくし中国での生産事業から撤退すべきか悩んでいます。４色マップを描き、今後の方針を検討してください。

・前提となる環境を整理する

まず「撤退」の案については、その背景に合弁会社の赤字が続いていることが挙げられます。さらに考えてみると、中国市場で売り上げが伸びないが、日本国内への逆輸入が進行し、製品販売に悪影響を及ぼしている問題にも気づきました。一方、「維持」の案については、中国の国民の所得水準向上に伴い、今後、中国国内の消費量が増えることは間違いなく、５年先には大きな売り上げ拡大が見込まれることが挙げられます。

・効果や影響を列挙する

次に、それぞれのプラス面・マイナス面を考えます。撤退すれば合弁会社の赤字を補填しなくてよくなる分、本社の負担が軽くなり主力分野に経営資源を集中しやすくなります。しかし、従業員を解雇するなど一時的にせよ撤退コストが発生する点、そして、その間に他社にシェアを独占されてしまう恐れがある点はマイナスの影響と言えます。

維持する効果としては、海外マーケットに積極展開する前向きな企業イメージを打ち出し続けられます。一方、今後の数年間、赤字が続くことを覚悟しなければならない点はマイナスの影響と言えるでしょう。これらの状況を図にすると次ページのようになりました。

・図を精査し評価する

次に、それぞれの図のマイナスの影響について、これらに対処する案を追加します（132ページの図）。

「撤退」では発生する撤退コストを損失計上することになりますが、これは本社の利益でカバーできる計算です。また、主力分野に集中投資し、独自の技術力を磨くことで、中国の消費マーケットが顕在化してから再参入しても間に合うと判断しました。

ところが「維持」する場合、合弁会社の赤字に対し、5年先まで本社の利益を充当するのは

撤退した場合のプラス面・マイナス面

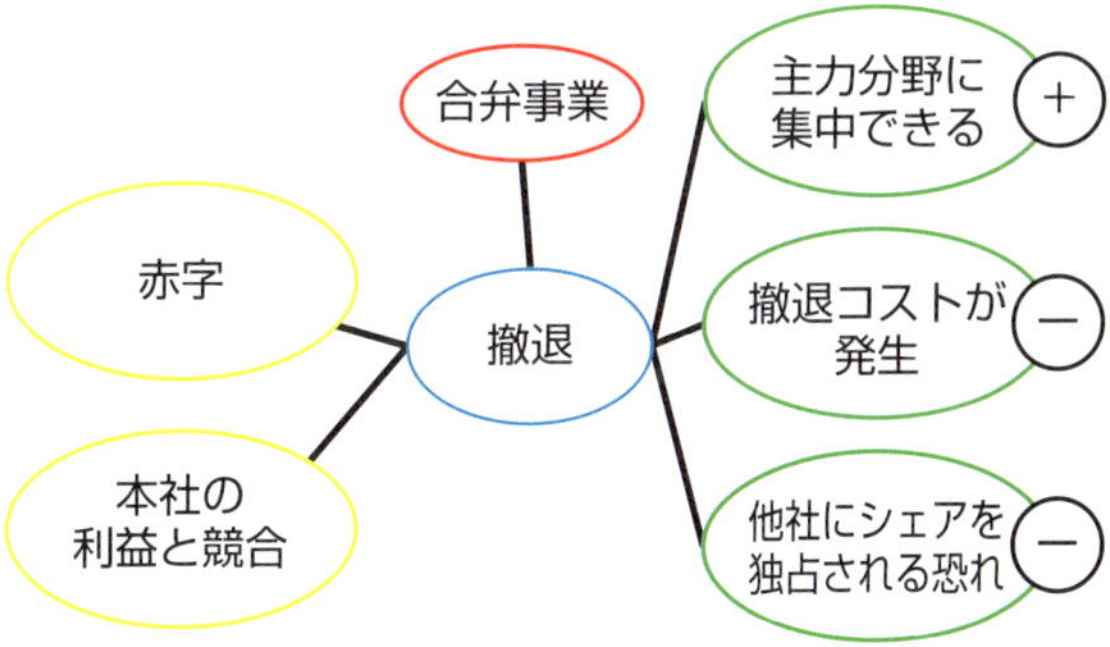
合弁事業
赤字
撤退
本社の
利益と競合
主力分野に
集中できる
+
撤退コストが
発生
−
他社にシェアを
独占される恐れ
−

維持した場合のプラス面・マイナス面

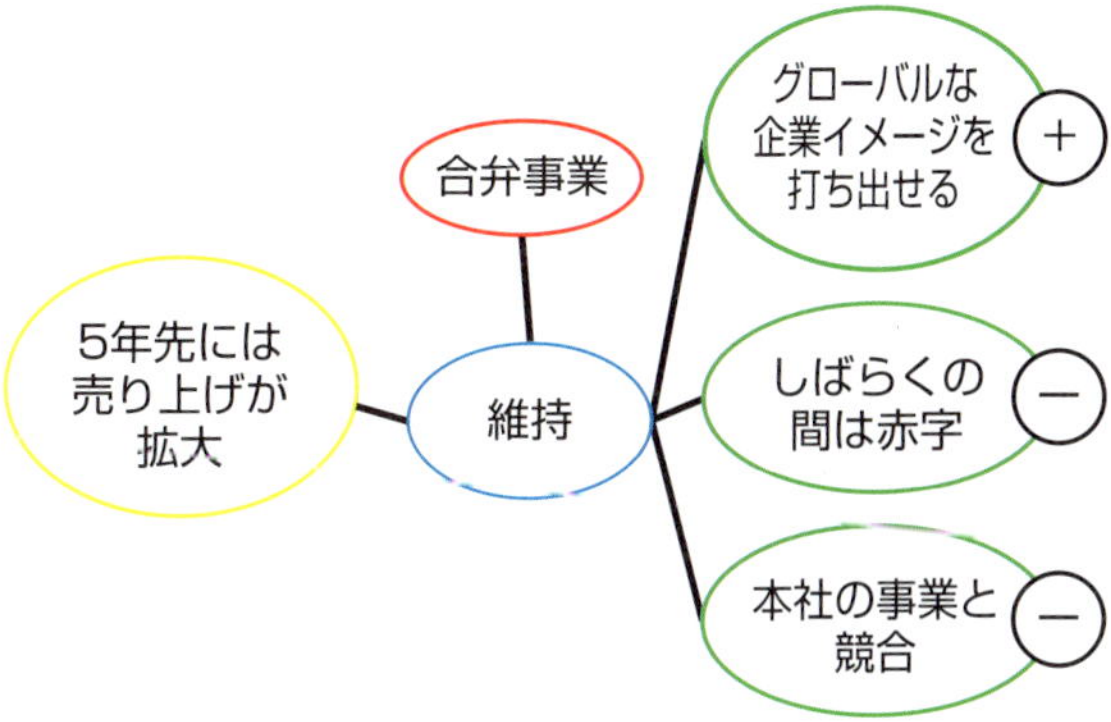
合弁事業
5年先には
売り上げが
拡大
維持
グローバルな
企業イメージを
打ち出せる
+
しばらくの
間は赤字
−
本社の事業と
競合
−

撤退した場合の対応策

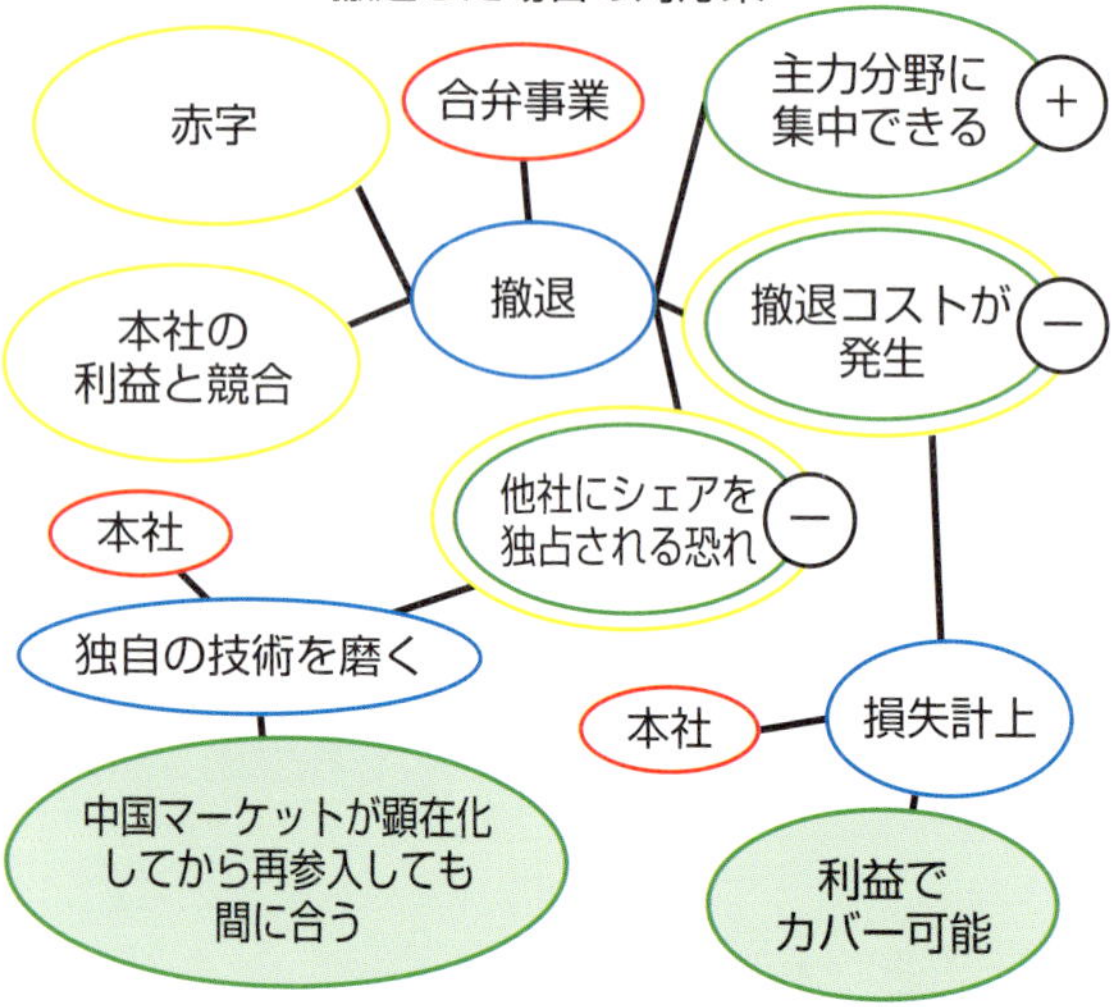
赤字
合弁事業
主力分野に集中できる
＋
本社の利益と競合
撤退
撤退コストが発生
－
本社
他社にシェアを独占される恐れ
－
独自の技術を磨く
本社
損失計上
中国マーケットが顕在化してから再参入しても間に合う
利益でカバー可能

維持した場合の対応策

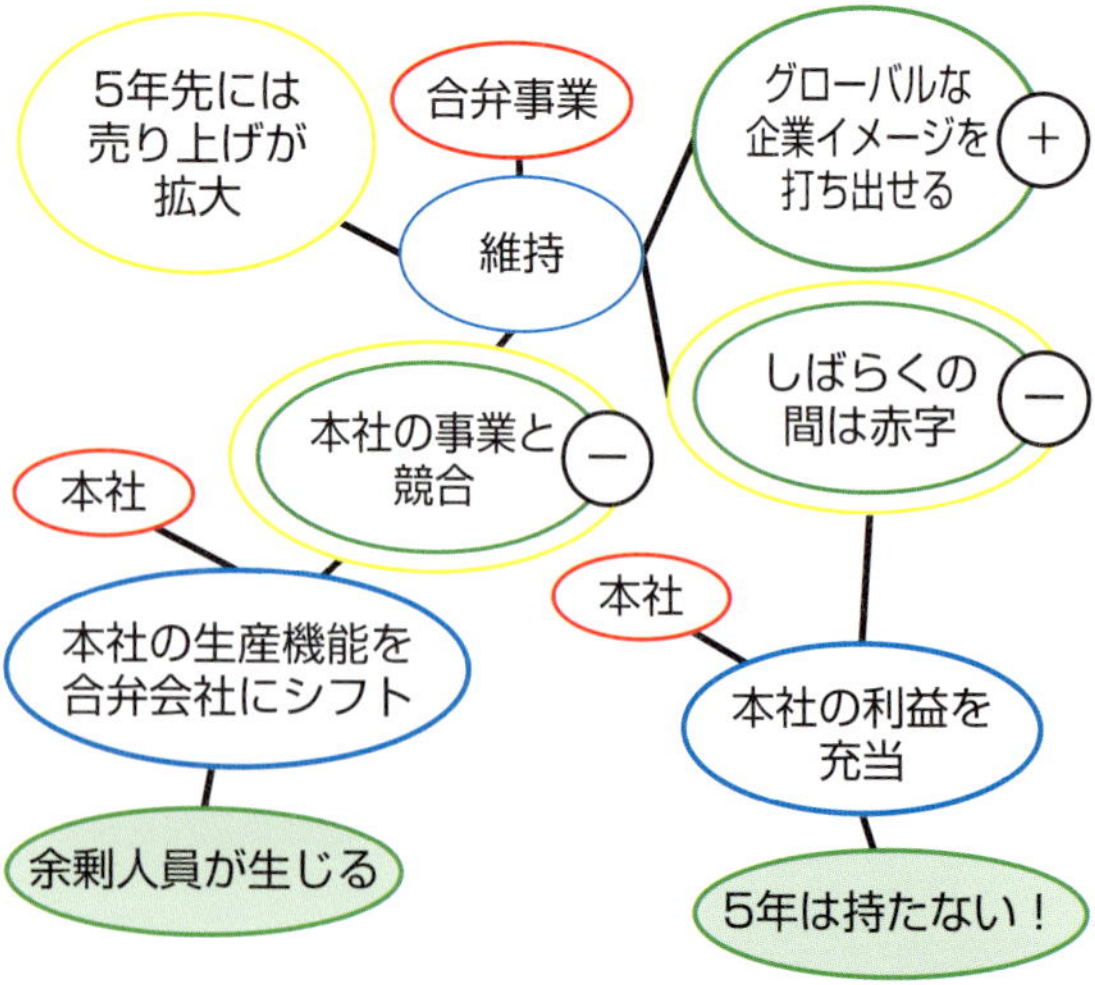
5年先には売り上げが拡大
合弁事業
グローバルな企業イメージを打ち出せる
＋
維持
しばらくの間は赤字
－
本社の事業と競合
－
本社
本社
本社の生産機能を合弁会社にシフト
本社の利益を充当
余剰人員が生じる
5年は持たない！

大きな負担と言えます。売り上げを増やし利益を確保できるほどの消費市場が中国に生まれるまで赤字を補填し続けるのは難しいと判断しました。また、本社の事業と競合する状況を解決するために、競合製品を製造している本社の生産拠点を中国の合弁会社にシフトすれば余剰人員が生じるという問題も発生します。

やはり「維持」の案の一番の問題は、5年先までと見込まれる合弁会社の赤字を本社の利益を充当することで補填することになりますが、本社もいつまで体力が持つかは不透明である、という点であり大きなリスクと言えます。

2つの図を比較すると、「撤退」の判断のほうがよいようです。

#［V］

交渉力を高める

1　交渉力を高めるポイント

(1)　意向のギャップを埋める

この世の中にまったく同じ考え方、価値観を持つ人は1人としていません。むしろ多くの場合、私たちは違う考え方や価値観を持つ人に囲まれて日々の生活を送っているはずです。仕事外であれば、付き合いにくい人と付き合わないこともできるかもしれませんが、ビジネス上の相手であればそうはいきません。お互いの考え方の違いを前提にしつつ、良好な関係を作り、維持していかなくてはなりません。そして、自分に与えられている業務上の使命を果たすために、相手の考えと自分の考えを調和させるため、相手に働きかけを行わなければならない局面があります。これを一般に「交渉」と呼びます。

自分と相手の意向や意識、考え方に違いがあることを前提としつつ、その間のギャップを埋め、自分の側に相手を近づけるよう働きかける交渉の能力は、ビジネスパーソンに不可欠の能力の1つと言えます。

(2)　ギャップの内容を明らかにする

交渉の前提でまず大切なことは、自分と相手の間にあるギャップの内容を明確に把握することです。これができていないと、交渉の方向を大きく見誤ってしまう恐れがあります。そのためには相手ばかりでなく自分の意向や考え方を客観視する力をつける必要もあります。次に重要なことは、相手の立場に立って状況を眺めることです。たとえいくら自分に利があったとしても、人間は感情の生き物ですから、相手の「理性」ではなく「心」が受け入れてくれなければ交渉が成功したとは言えません。役職（上司と部下）や立場（顧客と発注先）に関する力関係の中で、上から下に押さえつけるように働きかけることも可能かもしれません。しかし、心底納得していなければ、良い関係は長くは続きません。ビジネスでの人間関係は1回限りということはあまりないので、継続的に関係を維持できる交渉が大切なのです。

・複数の選択肢を提示する「4色マップ」

人は通常、道なき道を進むことに抵抗感を持ちます。いくつかの道が示されていて、そこから選ぶほうが気持ちの負担ははるかに小さいのです。したがって、相手に対しいくつかの案を提示し、その中から選ばせることで、相手の心理的な負担を減らしつつ、また相手の主体性を尊重しつつ、こちらの意向に沿った働きかけを行いやすくなります。相手に示す提案を整理するには4色マップが適しています。

・新たな落としどころを見つける「フロー図」

お互いに自分の主張を押し通そうとする限りはいつまでも決着はつきません。このような状況下で最も望ましい解決策は、お互いの対立点そのものをなくす方法です。相手が本当に望んでいることを探り出すことができれば、この方法を採用できる可能性が出てきます。そしてその糸口を探るためにはフロー図が適しています。

・共通の利益を見つける「ベン図」

お互いの対立点を解消することができなくても、自分と相手の双方が受け入れられる接点を探すのも1つの方法です。共通の利益を見つけ、お互いが譲歩できる余地を探ることで、100%満足とまではいかなくても、交渉決裂という最悪のシナリオを避けることができるのです。このためにはベン図が役立ちます。

交渉4色マップ

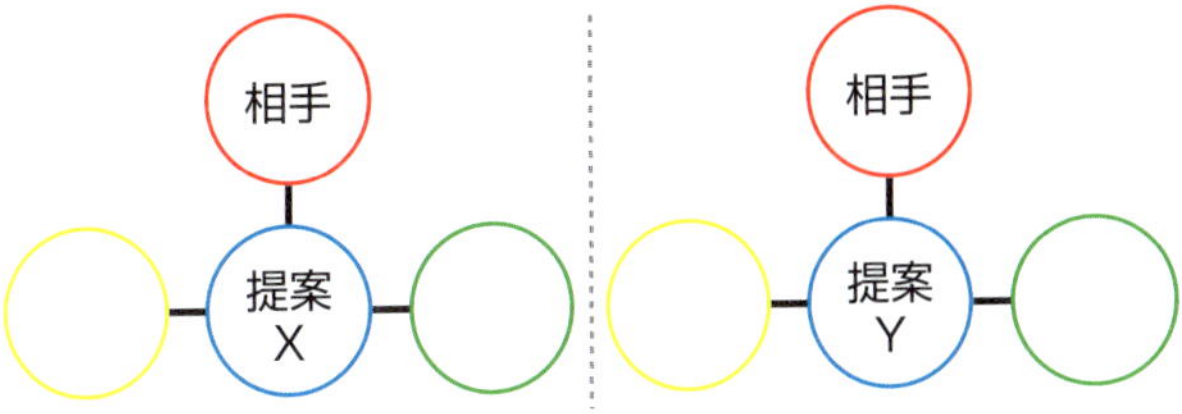
相手
提案
X
相手
提案
Y

交渉フロー図

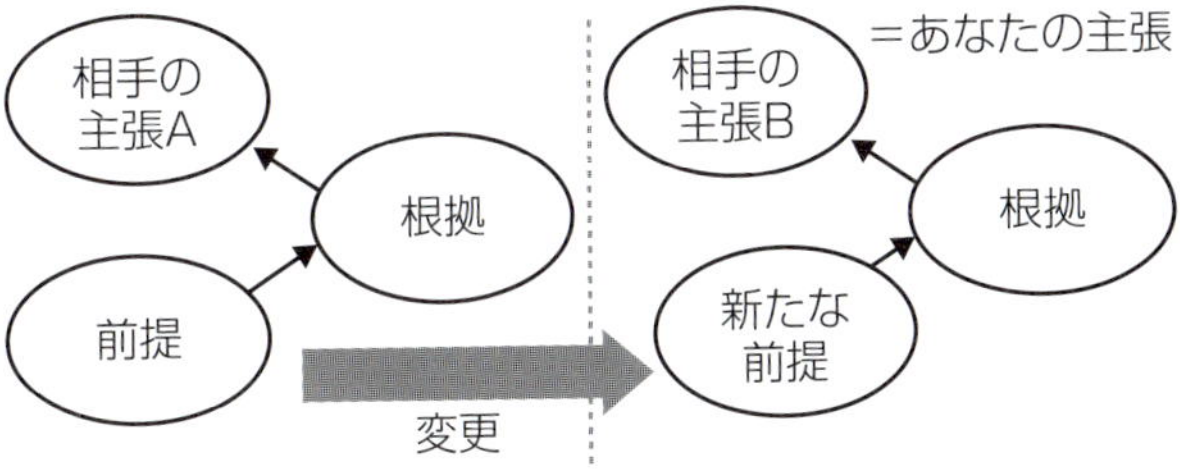
相手の
主張A
根拠
前提
変更
=あなたの主張
相手の
主張B
根拠
新たな
前提

交渉ベン図

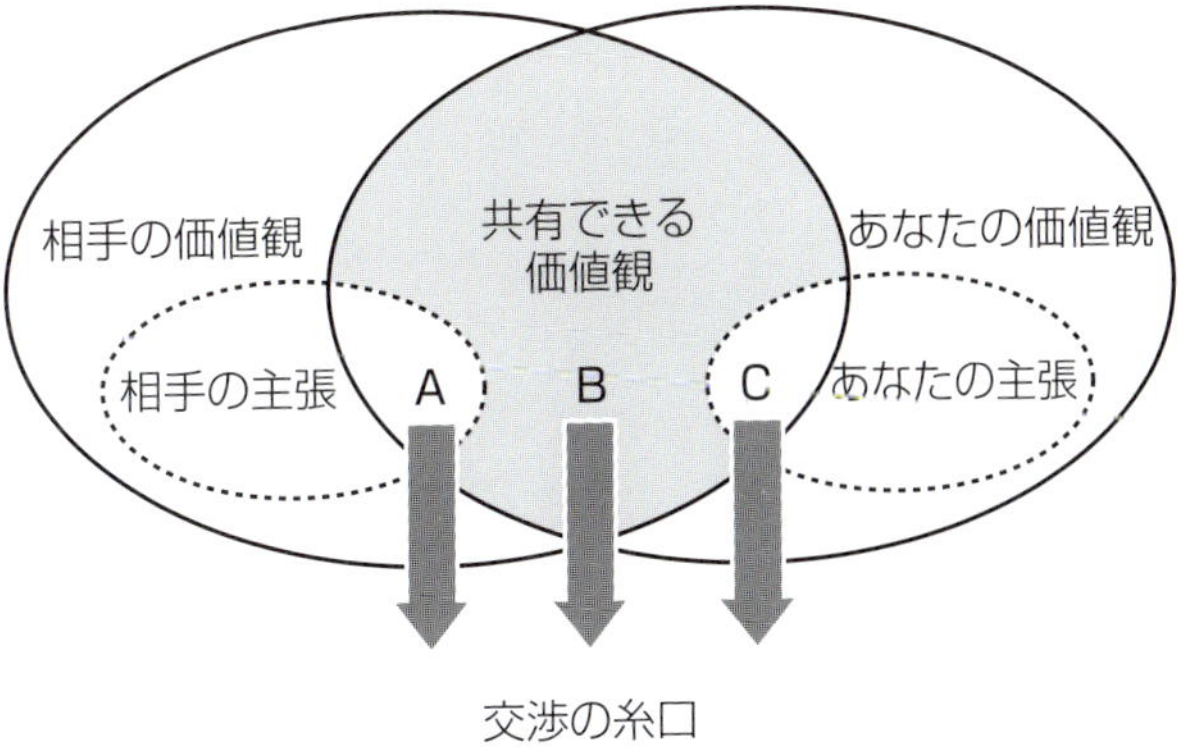
相手の価値観
共有できる
価値観
あなたの価値観
相手の主張
A
B
C
あなたの主張
交渉の糸口

2　複数の選択肢を提示する［交渉4色マップ］

(1)　相手に選ばせる

交渉は本来は利害調整の行為ですが、こちらから提示する交渉事項を複数パターンにすることで、利害調整の印象を弱めることが可能です。複数の案から選ぶという行為を交渉相手に促すことで、「自らの意思で決めた」という感覚を持ってもらえるからです。

ある主張に対して受け入れるか、さもなければ拒むか、という二者択一の状況を相手に与えるのではなく、「Aにしますか、Bにしますか、それともCにしますか？」という問いかけを行えば、相手の精神的なプレッシャーは比較的少なくなる上、それらのどれかから選ばなければならないという気にさせられるものです。もちろんどれを選んでもこちらが不利にならない案を提示するので問題はありません。

(2)　交渉4色マップの描き方

複数の案を整理するには4色マップが適しています。

手順は、1交渉相手の困りごとを推定する→2働きかける内容と効果を考える→3図を精査して交渉の糸口を探る、です。

第一ステップの「交渉相手の困りごとを推定する」上で最も重要な視点は、４色マップの主体を「あなた」ではなく「相手」にする点です。「赤＝相手」として「黄＝困りごと」を推定します。考えるだけでは出てこない場合もあります。必要に応じて事前に情報収集を行いましょう。

たとえば、スーパーマーケットの店員がビール売り場を通りかかった中年男性に対して、試飲用のビールを差し出し、購入を働きかけるとします。ここでの交渉は「買う・買わない」の駆け引きがテーマです。店員にとって大切なのは「ビールを販売する」ことですが、お客から見れば「ビールを購入して飲む」ということになります。そこで、ビールを飲む上でのお客の困りごとを試飲中に聞きだしま

交渉4色マップを描くステップ

1 交渉相手の困りごとを推定する

2 働きかける内容と効果を考える

3 図を精査して交渉の糸口を探る

す。

第二ステップは「働きかける内容と効果を考える」です。もし、相手が「ビールを毎晩家で飲みたいがメタボも気になる」のであれば、低カロリービールを勧めるのがよいですし、最近、バリエーションが増えてきたノンアルコールビールという手もあります。どちらのビールも、一般的なビールよりもメタボリックシンドローム解消ないし悪化抑制に効果がありそうです。

第三ステップは「図を精査して交渉の糸口を探る」です。ここまでに得られた要素を用いて、主体（赤）を中央に描き、青、黄、緑の円を広げていきます。描きながら情報の過不足、整合性をチェックしていきます。たとえば、効果（緑）についてはプラス面ばかりではなく、マイナス面にも気づきました。低カロリービールは少ないとはいえカロリーがありますので、大量に飲めば太りますし、ノンアルコールビールはアルコールが入っていないため、さすがに本物のビールの旨みはありませんし、酔えません。これらの要素もマップに書き加えましょう。

図の内容を思い浮かべながら、お客に働きかけます。低カロリービールはビールのテイストを残しながら、カロリーが低いので効果があること、ただし、量を飲むのであれば肥満になってしまうので、ノンアルコールビールはメタボ対策にはお勧めである、などの話をすることが考えられます。お客にとっては「買わない」という選択肢があるはずですが、選択肢をいくつ

2つの提案で交渉する

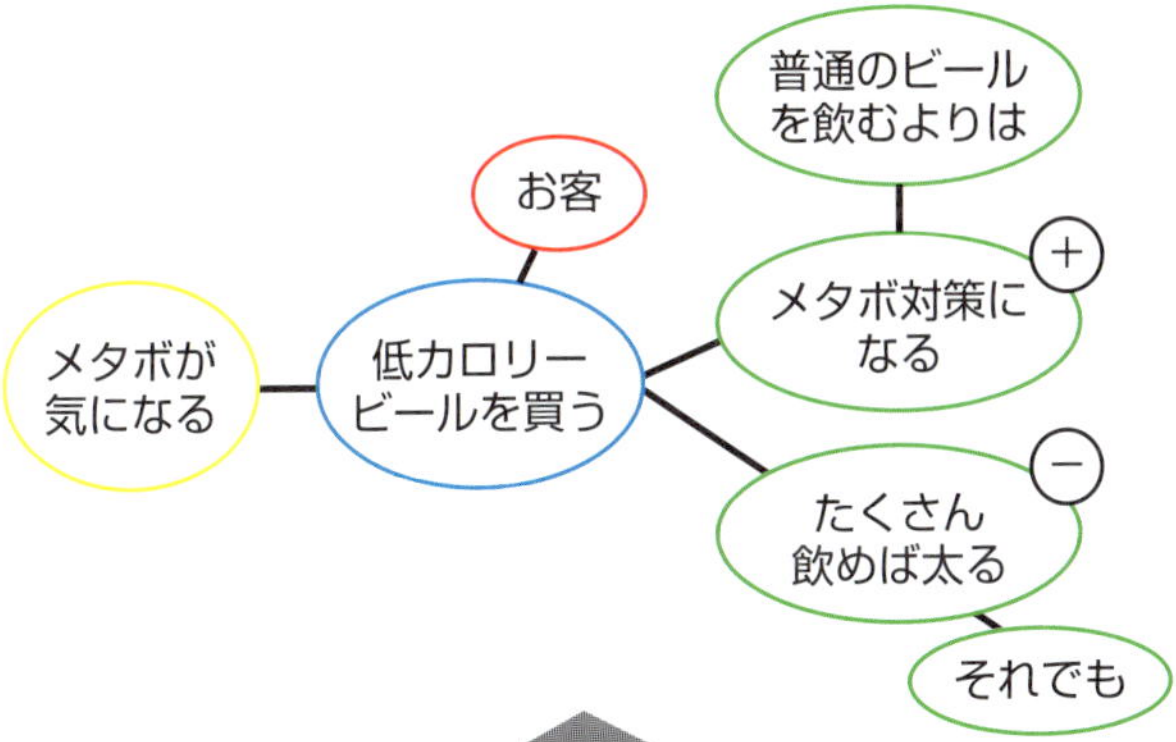
普通のビール
を飲むよりは
お客
メタボ対策に
なる
メタボが
気になる
低カロリー
ビールを買う
たくさん
飲めば太る
それでも
＋
－

2案提示で購入可能性が高まる

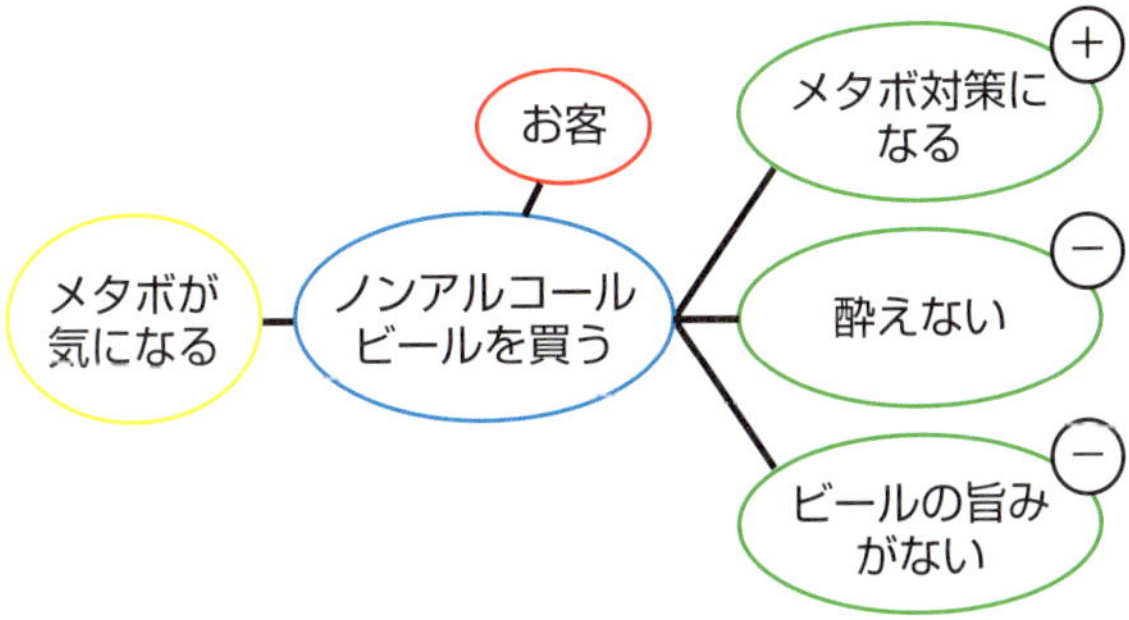
お客
メタボ対策に
なる
メタボが
気になる
ノンアルコール
ビールを買う
酔えない
ビールの旨み
がない
＋
－
－

か提示することで、買うという前提でどれを選ぶかに意識が傾けられることになります。

(3)【演習例題】アパレルメーカーとの直接交渉による仕入れルートの開拓

アパレル小売店に勤めるあなたは、新たな仕入れルートの開拓を行う役目を担っています。卸を通さず直接アパレルメーカーと取引するのが本部の方針です。あなたはあるメーカーに目をつけました。

そのメーカーは高価格路線であり、個人消費の低迷が続く中、苦戦を強いられていると予想されます。一方、同社はまだ歴史の浅い会社ですが、先月、都内で開かれた国際見本市に、高機能素材を活用した新作を出展しています。4色マップを描き、同社に対して2つの提案を考えてください。

・交渉相手の困りごとを推定する

まず、アパレルメーカーが困っていることは何かを推定します。メーカーにとっての困りごととしては、まず、同社が想定していた以上の消費の落ち込みが挙げられます。具体的には、大量の在庫を抱えてしまっているとの情報を得ており、これを何とかしたいと考えている可能性があります。また、国際見本市に新商品を出展しているのは、会社の認知度を高めるとともにブランド力をアップしたいと考えている可能性もあります。これを4色マップで示すと、下の図のようになります。

つまり、「過剰在庫を圧縮できていない」「なかなかブランド力が高められない」といった困りごとを持っている可能性があると考えました。同社の商品をあなたの会社が購入することを通じて、同社の困りごとを解決する方策を考えてみることにしましょう。

メーカーの意向（推定①）

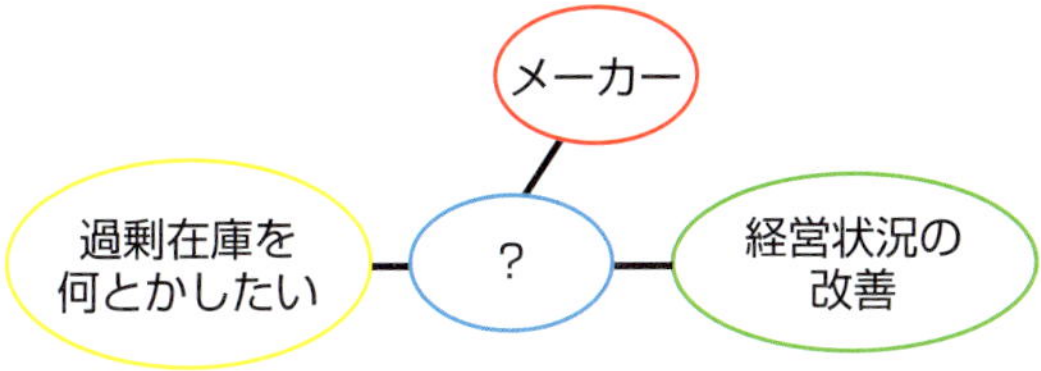
メーカー
過剰在庫を何とかしたい
?
経営状況の改善

推定②

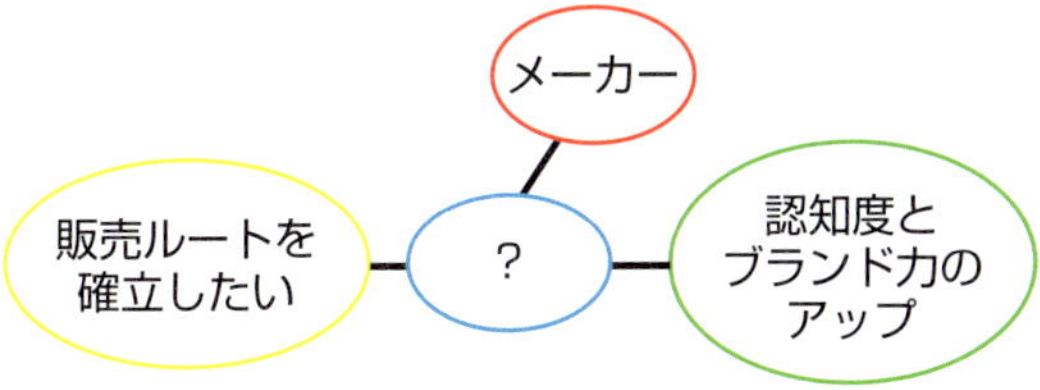
メーカー
販売ルートを確立したい
?
認知度とブランド力のアップ

・働きかける内容と効果を考える

メーカーにとっての効果は「経営状況の改善」ないし「ブランド力の向上」と考えられます。メーカーの「過剰在庫を何とかしたい」という問題を解決する方法として「大量に一括して買い取ってもらう」ことがあります。現金買い取りも効果があるかもしれません。在庫のために倉庫維持のコストが発生しているのなら、早期の対応を望んでいるでしょう。

「ブランド力アップ」が目標の場合には、必ずしも大量に買い付けることは望まれません。あなたの会社が定期的に実施している販促イベントや、同社の会員向けに提供している情報誌の中で「注目商品」として取り上げ、認知度を高めることにつながる取り組みを行う手が考えられます。

・図を精査し解決の糸口を探る

提案①ではあなたの会社にとっても店舗の品揃えが広がるメリットがありますが、在庫問題を解決する支援を行うことにもなりますから、通常の取引よりも安く買い付けられるように交渉することが望まれます。一方、メーカーのブランド価値を落とすことにならないよう、たとえば買い取った品はあなたの会社の専門店のみで売る点を伝えることなども大切です。

提案②でもあなたの会社のメリットはありますが、メーカーのブランドイメージを高める支

H社への働きかけ（提案①）

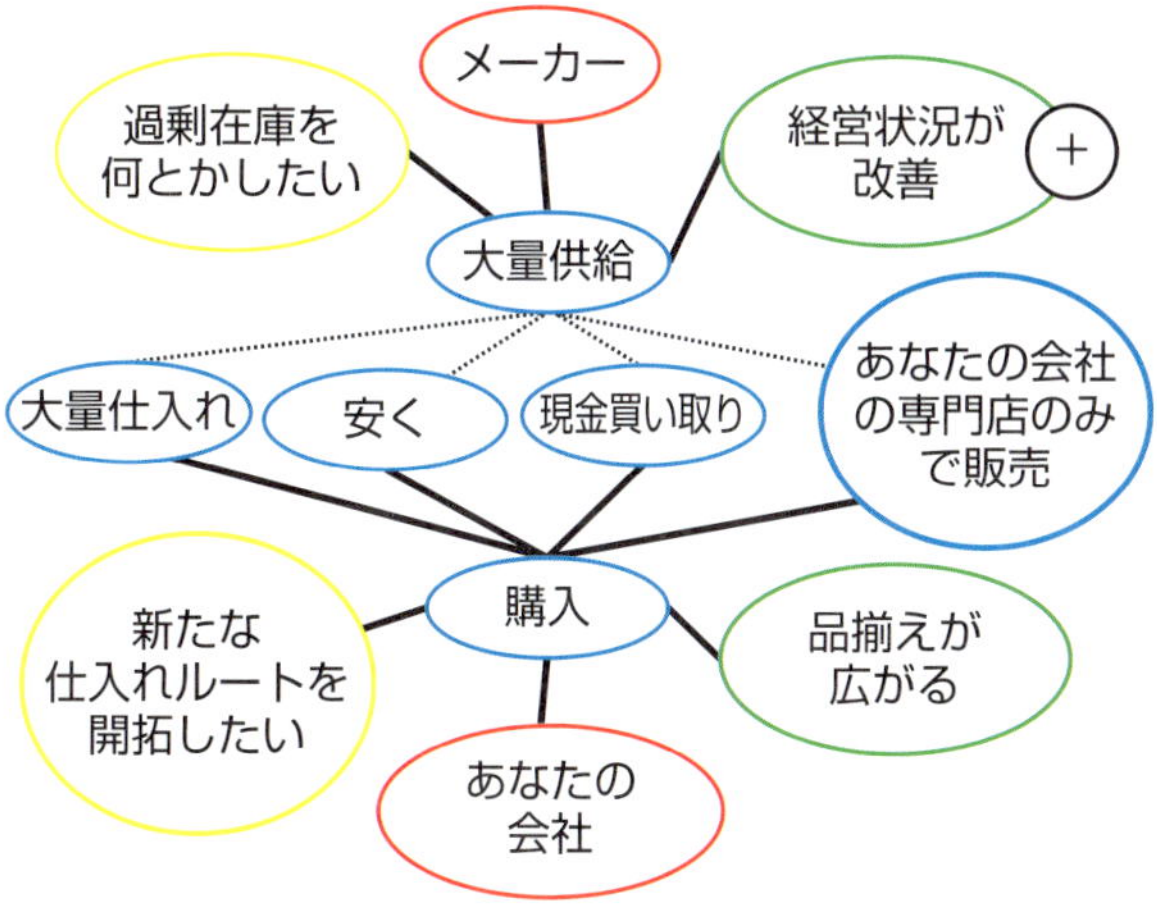
メーカー
過剰在庫を
何とかしたい
経営状況が
改善
+
大量供給
大量仕入れ
安く
現金買い取り
あなたの会社
の専門店のみ
で販売
購入
新たな
仕入れルートを
開拓したい
品揃えが
広がる
あなたの
会社

提案②

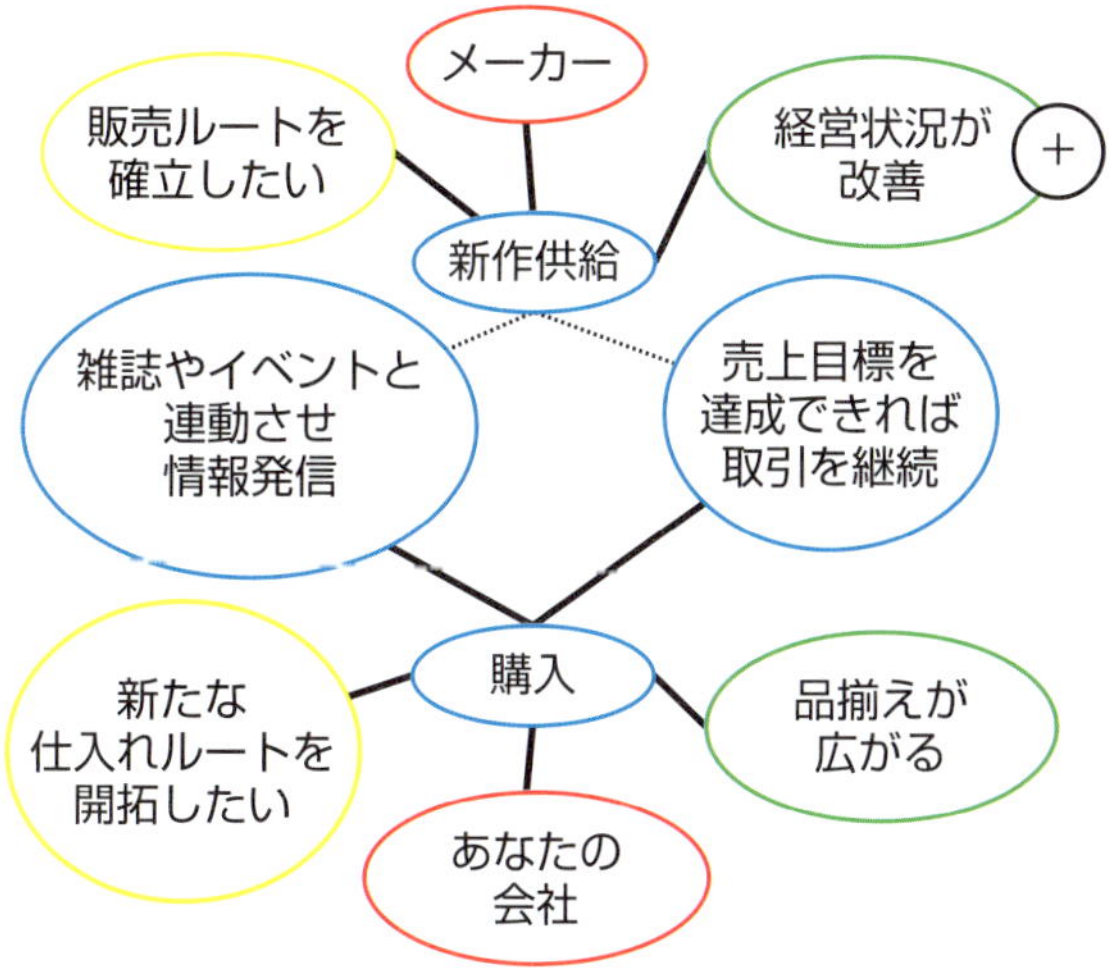
メーカー
販売ルートを
確立したい
経営状況が
改善
+
新作供給
雑誌やイベントと
連動させ
情報発信
売上目標を
達成できれば
取引を継続
購入
新たな
仕入れルートを
開拓したい
品揃えが
広がる
あなたの
会社

援を前面に押し出すことで交渉を有利に進めることが望まれます。ただし、あなたの会社のリスクにならないような配慮も必要です。たとえば、一定期間での販売目標量を設定し、それを上回る実績が出れば取引を継続し、そうでなければ今回限りとすることなどが考えられます。

3　新たな落としどころを見つける［交渉フロー図］

(1)　争点をずらす

あなたと相手との間に争点が存在している場合、交渉ごとは難航します。たとえば「納期」が争点になっている場合を考えてみましょう。発注元はできるだけ早い納期を希望し、発注先はできるだけ納期を延ばしたいと考えているかもしれません。あるいは「契約額」や「求められる品質の水準」なども争点になりやすい事項です。

また、何らかの点でお互いが一歩も引けない状況に陥ってしまうと、交渉が決裂する確率は高まります。このような中で双方にとって有益な結末を迎える方法があるとしたら、それは新たな落としどころを見つけられた場合でしょう。これは実は「争点をずらす」ことにほかなりません。

(2) 交渉フロー図の描き方

膠着《こうちゃく》状況にある交渉の局面を大きく好転させるにはフロー図が適しています。

手順は、1主張を構成する要素を整理する→2前提を推定する→3図を精査して交渉の糸口を探る、です。第一ステップの「主張を構成する要素を整理する」では、相手の主張の背景となる価値観や考え方、意識、さらにはこれらを形作っている情報を整理します。

たとえばマンション販売員に対し、顧客がこの物件は高すぎる、もっと安くしてほしい、と言った場合、「販売価格」が表向きの争点になりますが、この点ではいささかの値引きもできない状況だとしましょう。そうであれば争点をずらす必要があります。

まずは、「安くしてほしい」という顧客の主張を構成す

交渉フロー図を描くステップ

1 主張を構成する要素を整理する

2 前提を推定する

3 図を精査して交渉の糸口を探る

る要素を整理することが大切です。たとえば、手持ち資金が少ないためなのか、月々のローンの支払いを抑えたいためなのか、返済期間を短くしたいためなのか、あるいは、このマンションを投資物件として捉えており、他者に貸して収益を得ることを考えると購入額をできる限り少なくしたいと考えているのか、いろいろな可能性が想定されます。

相手の主張の根拠となっている周辺情報を聞き取り、

主張の根拠を探る

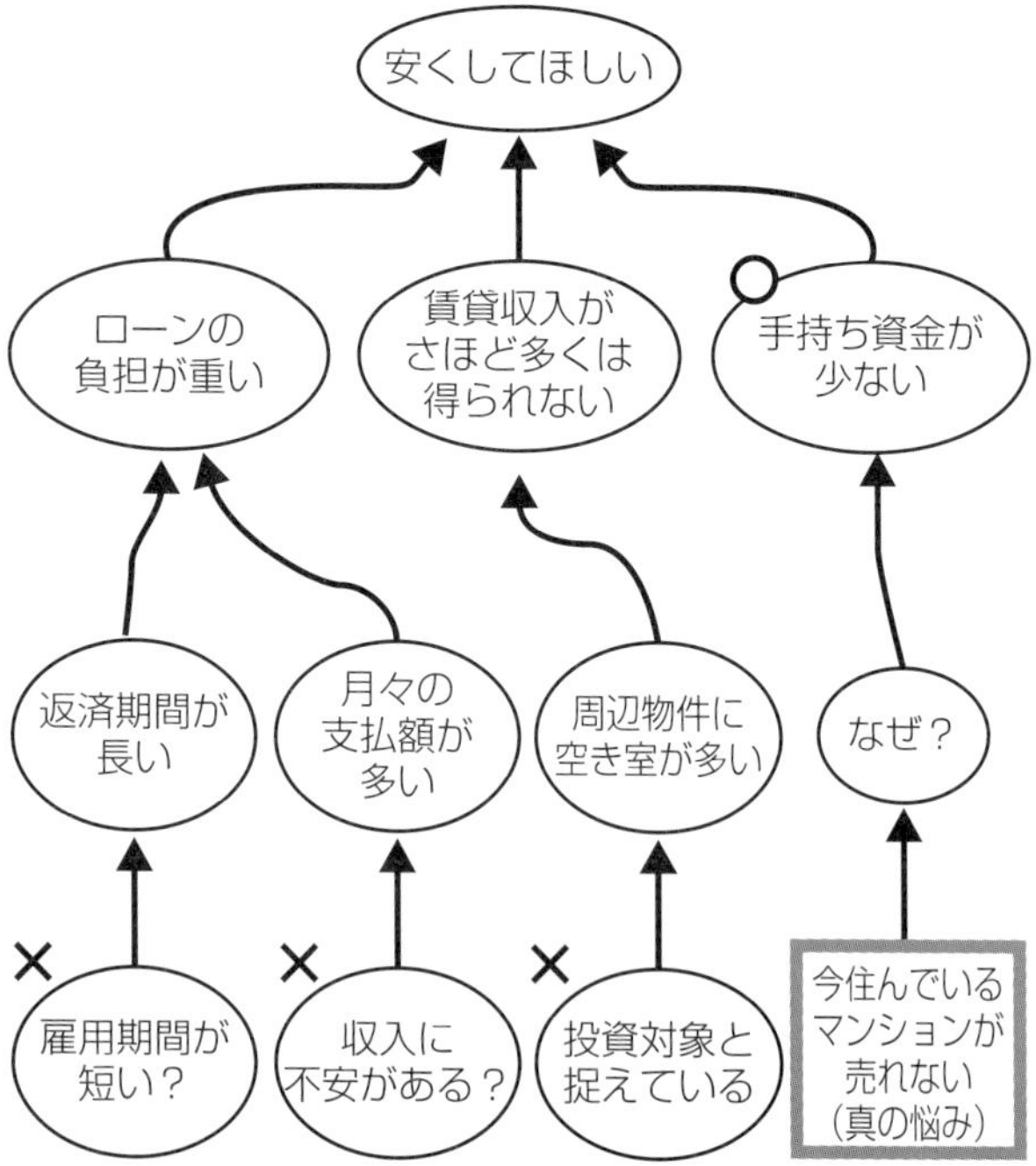

安くしてほしい
ローンの
負担が重い
賃貸収入が
さほど多くは
得られない
手持ち資金が
少ない
返済期間が
長い
月々の
支払額が
多い
周辺物件に
空き室が多い
なぜ？
×
雇用期間が
短い？
×
収入に
不安がある？
×
投資対象と
捉えている
今住んでいる
マンションが
売れない
（真の悩み）

フロー図に落とし込んでいきます。

そこで第二ステップの「前提を推定する」では、想定される原因を1つひとつつぶすための問いかけを相手に行います。また、困りごとの輪郭が見えてきたら、さらにその原因を探る問いかけを行います。たとえば「手持ち資金が少ない」ことがその原因であると分かったら、なぜ手持ち資金が少ないのかを把握します。この例では「今住ん

新しい交渉の糸口

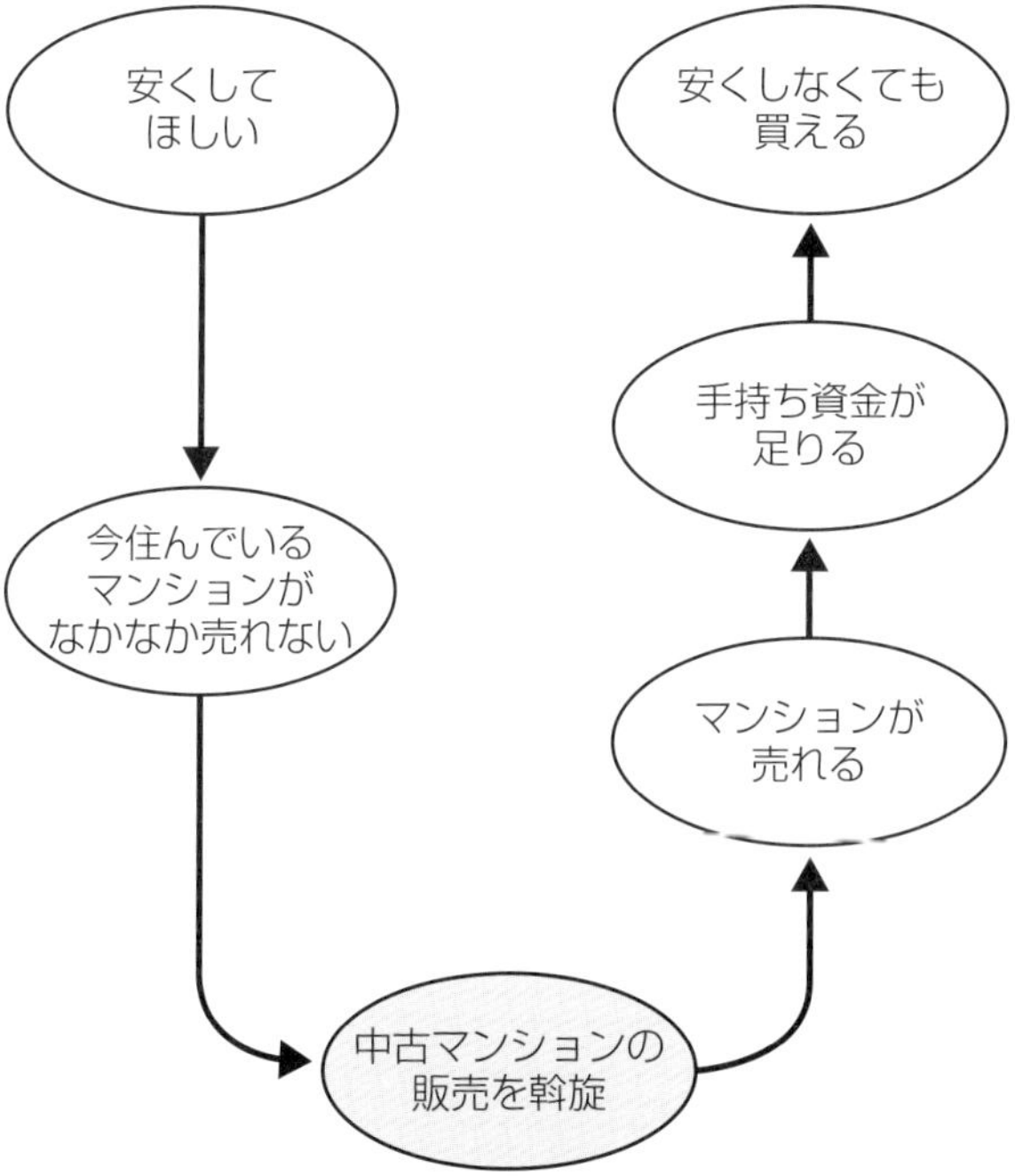
安くして
ほしい
今住んでいる
マンションが
なかなか売れない
中古マンションの
販売を斡旋
マンションが
売れる
手持ち資金が
足りる
安くしなくても
買える

でいるマンションがなかなか売れない」ことが真の悩みであるとしましょう。その場合、「今のマンションをできる限り高く売る」ことが新しいテーマとなります。

第三ステップは「図を精査して交渉の糸口を探る」です。中古マンションの販売斡旋を行うことができれば、値引きせずに済むかもしれません。中古マンションを売らずに賃貸してその収入をローン返済に充てる方法も考えられます。

このあたりの対策を顧客に具体的に示しながら本物件を売り込むのが肝要です。

(3)【演習例題】追加作業の費用を請求する

あなたの会社は、ファストフードの会社からドライブスルーの新装置の開発を依頼されています。今回開発する新システムはファストフード会社に納品し、システム自体は全国のフランチャイズチェーン店に備え付けられることになります。ドライブスルーを無人化する新しい試みであり、ドライバーが運転席から注文した商品を店内で自動認識し、商品の袋詰めまですべてを人手を介さずに行う画期的なシステムです。依頼先からはファストフードのリーディングカンパニーとして、他社に先駆けて新たな取り組みを行いたいと伝えてきています。

ところが、開発の途中で、一部機能を追加するよう要望を受けました。契約額は増えそうにないので、その分だけ開発コストが上がってしまいますが、今後の取引を考えると無下に断るのも得策とは言えません。フロー図を描いて、交渉の方策を検討してください。

・主張を構成する要素を整理する

発注元であるファストフードの本社は、このシステムにデータ集計の機能を追加してほしいと言ってきています。マイクを通して注文された商品の情報をデータベースに格納させ、集計を行えるという機能です。今回のシステム導入の目的は発注の仕組みを自動化し、人件費を削減することですが、この追加機能は、どうもこの目的と関係なさそうです。

・前提を推定する

顧客とのやりとりを重ねるうちに2つのことが明らかになりました。第一は、今回のシステムとは別に、注文してくるドライバーの声から性別とおおむねの年齢層を推

開発の狙いを探る

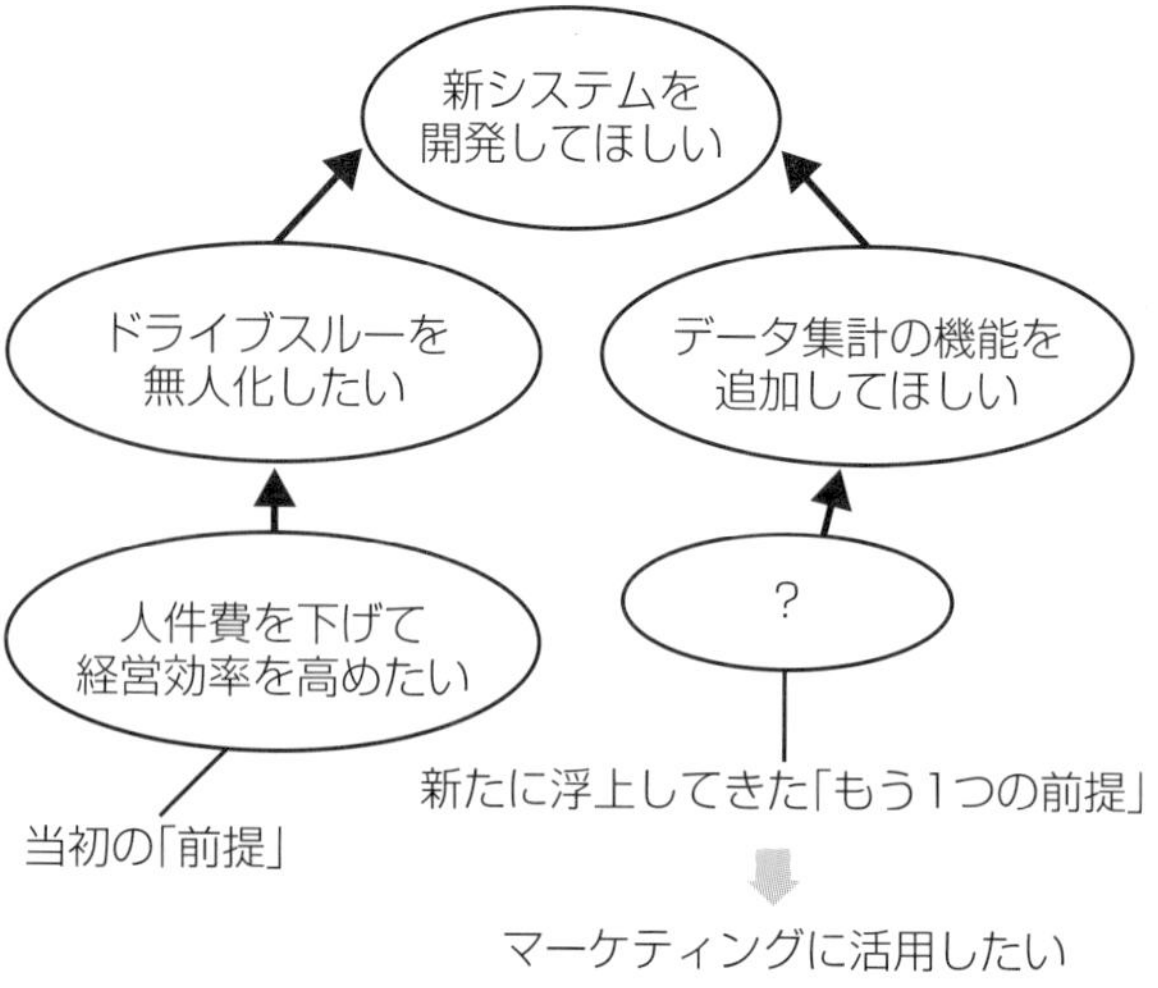
新システムを
開発してほしい
ドライブスルーを
無人化したい
データ集計の機能を
追加してほしい
人件費を下げて
経営効率を高めたい
?
当初の「前提」
新たに浮上してきた「もう1つの前提」
マーケティングに活用したい

定する音声分析システムの開発を他社に依頼しようと考えていること、第二は、そのシステムと今回のシステムを組み合わせることで、顧客層別の商品購入状況をデータ化してマーケティングに活用したい、と考えていることです。

つまり、本システムの開発の狙いには、「経営効率を高めたい」ということに「マーケティングに活用したい」ということが付け加わったようです。これをフ

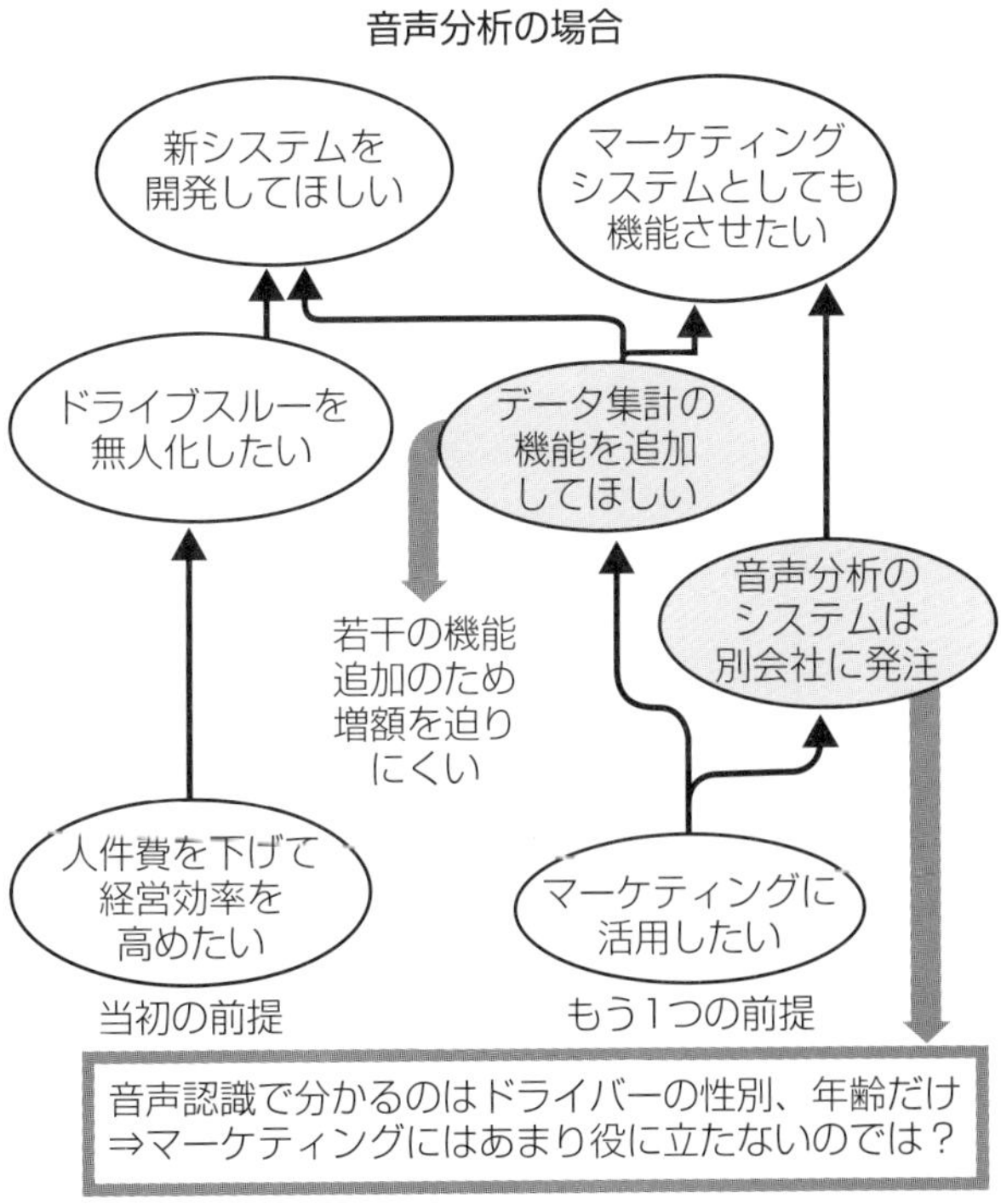
音声分析の場合
新システムを
開発してほしい
マーケティング
システムとしても
機能させたい
ドライブスルーを
無人化したい
データ集計の
機能を追加
してほしい
若干の機能
追加のため
増額を迫り
にくい
音声分析の
システムは
別会社に発注
人件費を下げて
経営効率を
高めたい
マーケティングに
活用したい
当初の前提
もう1つの前提
音声認識で分かるのはドライバーの性別、年齢だけ
⇒マーケティングにはあまり役に立たないのでは？

ロー図にすると前ページのようになりました。

・図を精査して交渉の糸口を探る

この無人化システムに、音声認識とデータ集計の機能を追加すれば、マーケティングシステムとしても使うことができるということです。なぜなら、何時頃にどのような年令層の人が何を注文しているか、といった情報が自動的に集まり、そのデータベースを分析することにより、売れ筋

画像認識の場合

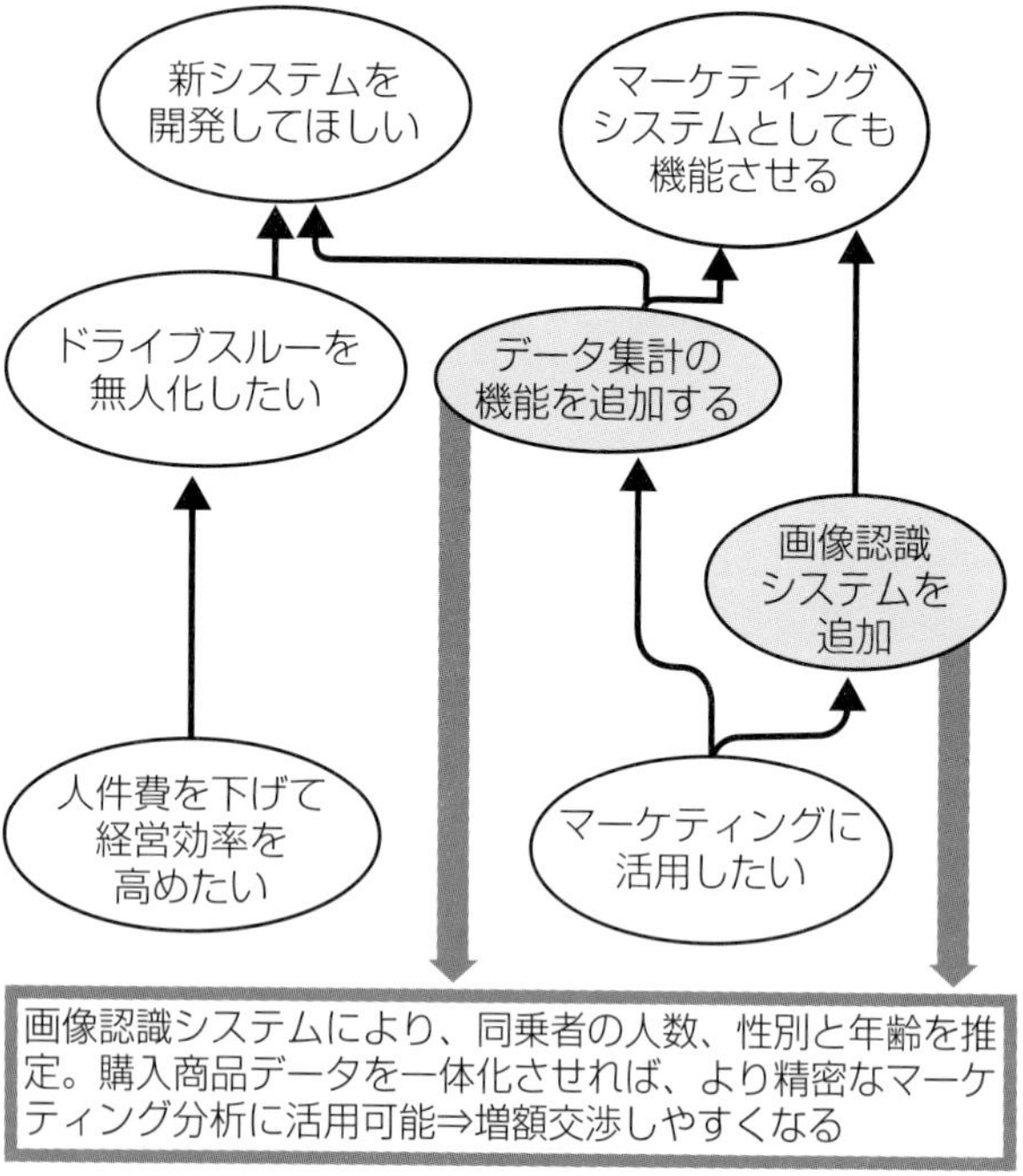

新システムを開発してほしい
マーケティングシステムとしても機能させる
ドライブスルーを無人化したい
データ集計の機能を追加する
画像認識システムを追加
人件費を下げて経営効率を高めたい
マーケティングに活用したい
画像認識システムにより、同乗者の人数、性別と年齢を推定。購入商品データを一体化させれば、より精密なマーケティング分析に活用可能⇒増額交渉しやすくなる

の把握や新商品の開発に結びつけられるからです。しかし、この方法には大きな問題があることにも気づきました。車には複数の人間がいる可能性のほうが高いのですが、マイクの声から推定できる性別や年齢層は、あくまでドライバーのみです。これではマーケティング分析としては不十分です。

そこで、たとえばマイクの横にカメラを備え付けて画像認識システムを活用して、同乗者の人数、性別、おおむねの年齢層を推定する機能をさらに追加してはどうでしょう。こうすれば商品を実際に購入する人たちと商品との関係がより的確にデータ化でき、マーケティング分析の精度が高められるはずです。もちろん、新たな設備を追加するのですから、開発費用は増加することになります。顧客に増額交渉を行う大義名分も立つでしょう。

4　共通の利益を見つける［交渉ベン図］

(1)　利害が一致する点から話し合う

交渉という行為に臨むとき、私たちはとかく相手を敵対視してしまいがちです。しかし、ビジネス上で関わる相手が上司であれ、部下であれ、顧客であれ、下請け先であれ、彼らと関係を取り結ぶことを通じて、何らかの成果を生み出すことが真の目的です。そしてその関係は通常の場合、1回限りということはなく、継続的なものです。

したがって、あらゆる点で利害が合わないということはありえず、必ず共有できる目標や価値があるはずです。たとえば、同じ部署の社員であればその部署のミッション、組織目標が互いに共有できるものの1つですし、顧客との関係であれば「その業務を成功させること」が共有事項になるでしょう。交渉相手と共有できる、つまり利害が一致する点から話し合いを始めることで、スムーズに事が運ぶ可能性は高まります。

(2) 交渉ベン図の描き方

一見すると相反する主張の前提の中から、両者が共有できる価値観なり意識なりを探し出すには、ベン図が適しています。交渉ベン図を描く手順は、1双方の主張の背景にある価値観を探る、2両者の妥協点を探す、3図を精査して交渉の糸口を探る、です。

「双方の主張の背景にある価値観を探る」は、たとえば、人事部長は従業員の残業時間の多さに不満を持っており、毎日の残業時間はどの社員も1時間以内に抑えるよう、事業部門の課長であるB氏に伝えてきたとします。一方、B氏は、現場を動かす立場として、杓子定規なルールは呑めないと考えています。顧客の信頼を維持するには、ときには部下が残業を行うことを認めざるを得ない場合もあると感じているためです。

B氏としては、人事部長の主張の背景に何があるかを推測するのが第一です。B氏は、人事部が、従業員の健康を損なうことを懸念していると考えました。つまり人事部長にとって大切なことは、「従業員の健康管理」であると推察しました。

一方、B氏は、なぜ自分が「残業もやむなし」と考えるのかを自問します。すると、事業部門としては、「利益を出して会社に貢献すること」に、高いプライオリティを持っていることをあらためて認識しました。つまり「利益の確保」がB氏の重視する価値観であると言えます。

第二ステップは「両者の妥協点を探す」です。背景にある考えを尊重しつつ、相手の主張を覆す方法を見つける段

交渉ベン図を描くステップ

1 双方の主張の背景にある価値観を探る

2 両者の妥協点を探す

3 図を精査して交渉の糸口を探る

階です。相手が従業員の健康維持を望んでいるのであれば、「残業しても健康維持できる方法があればOK」ということになります。また、B氏自身は「残業せずに利益を確保」できればよいということになります。

第三ステップは「図を精査して交渉の糸口を探る」です。これには3つの方向が考えられます。第一は「歩み寄り」（Aの領域）です。これは相手の主張を変えさせる必要がないため、

両者の主張

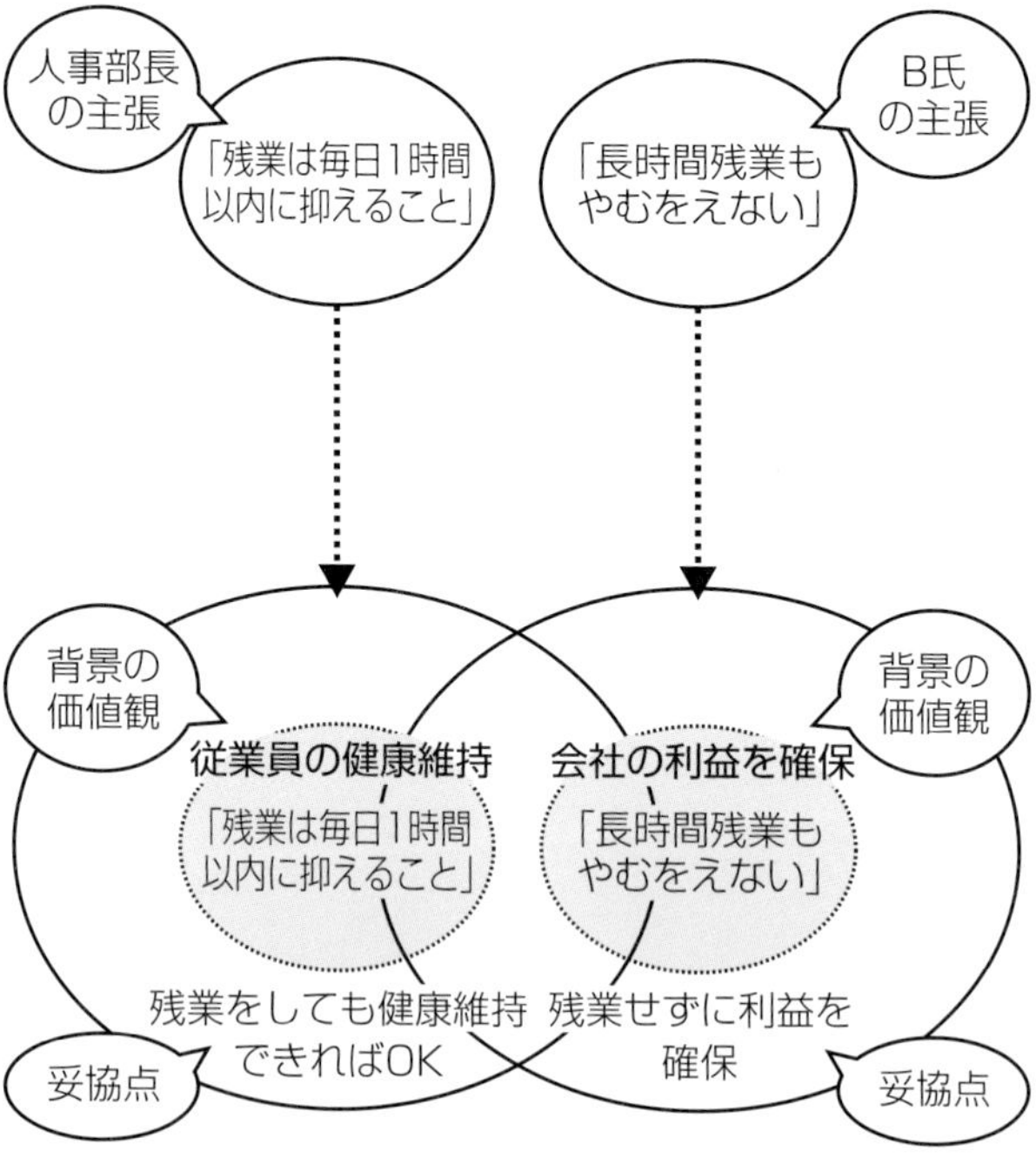

人事部長の主張
「残業は毎日1時間以内に抑えること」
B氏の主張
「長時間残業もやむをえない」
背景の価値観
従業員の健康維持
「残業は毎日1時間以内に抑えること」
背景の価値観
会社の利益を確保
「長時間残業もやむをえない」
残業をしても健康維持できればOK
残業せずに利益を確保
妥協点
妥協点

同意を得やすい方向です。

この具体案が思い浮かばない場合は、「痛み分け」（Bの領域）や「働きかけ」（Cの領域）に当てはまる案を考えます。前者は双方の主張を却下しつつ両者の背景を両立させる道です。また、後者は本人の主張を変えずに相手に妥協を促す方向です。このケースではBの領域、つまり、「年間の総残業時間に上限目標を定める」という案が思い浮かびました。

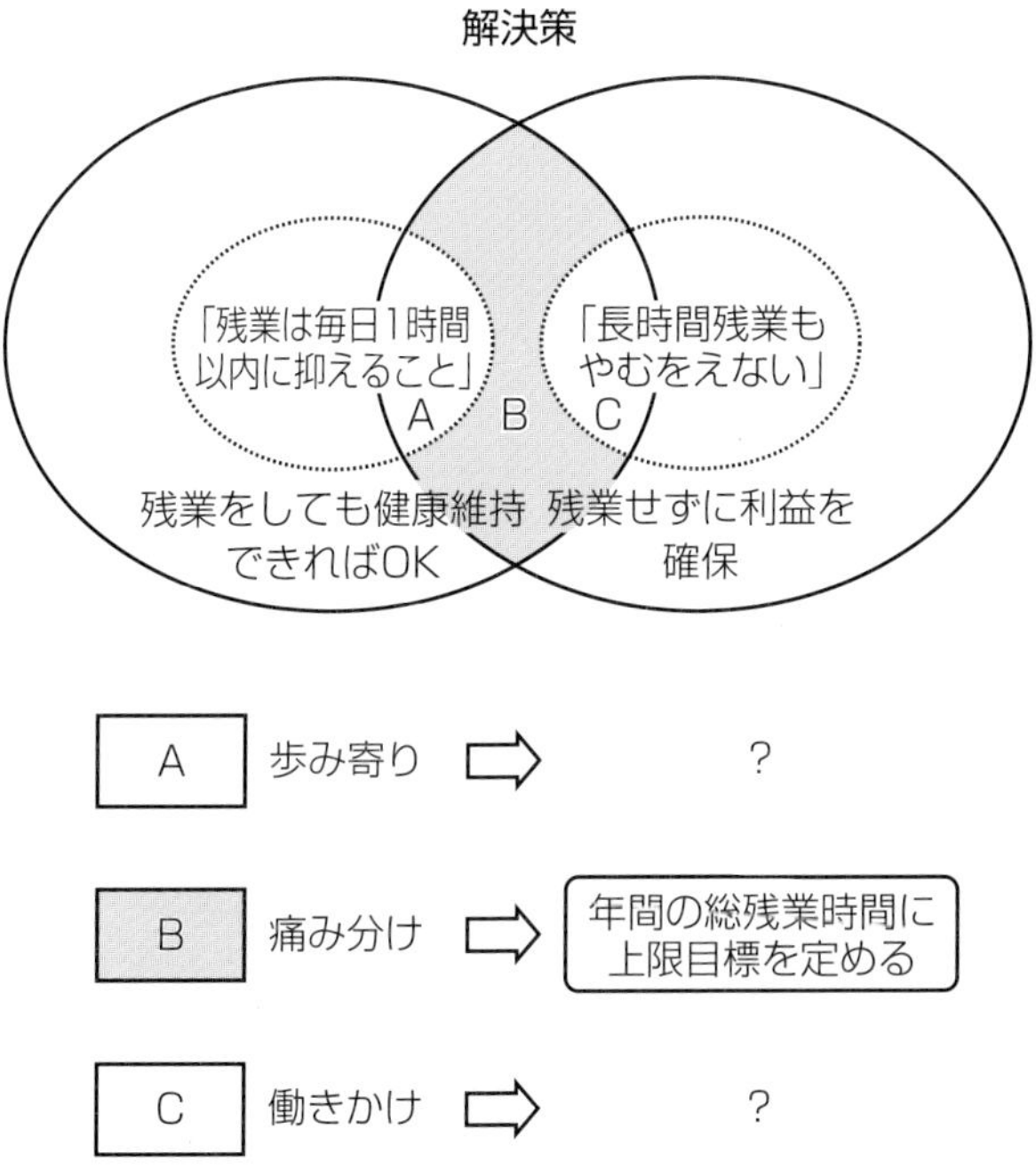
解決策
「残業は毎日1時間以内に抑えること」
「長時間残業もやむをえない」
A
B
C
残業をしても健康維持できればOK
残業せずに利益を確保
A
歩み寄り
?
B
痛み分け
年間の総残業時間に上限目標を定める
C
働きかけ
?

顧客の都合で残業することがあっても、残業が1年中、しかも毎日続くことは考えにくいからです。そこで、残業が続く日があっても余裕のある日もあるという状況なら、年間を通してトータルの残業時間に上限目標を設定するという手が考えられます。忙しい時期があってもリフレッシュして長期休暇がとれるのであれば、健康の維持につながると思われます。

(3)【演習例題】下請け先の増額要求にいかに対処するか

毎年度業務の一部を委託しているM社から、発注金額を増額してほしいとの申し入れがありました。当初契約していた仕様よりも、実際の業務量が増えたためです。若干増えた程度であればM社は吸収しようと考えていたようですが、大幅に増加したことに加え、M社からさらに外部に発注した業務の費用が増えたため、増額が必要と判断した、というのがM社の主張です。

ところがあなたの権限では契約額を超える支払いはできません。年度初めに組んだ予算いっぱいの額なのです。確かに業務が進む過程で仕様が膨らんだのは事実ですが、その時点ではM社からは何の話もありませんでした。出来高払いの契約ではないので、今になって増額を要求されても困る、というのがあなたの考えです。どうしたらよいでしょうか。

・双方の主張の背景にある価値観を探る

まず相手の主張の背景を探ります。なぜ増額を要求しているのかは明らかです。想定よりも業務が膨らみ、かつ、外部に発注した再委託の費用は削れず、M社の利益が減ってしまうのでしょう。つまり、「適正利益を確保したい」との思いが増額要求につながっていると推察されます。

一方、あなたの主張の背景には予算は増やせないという事情があります。増やしたくても、期の初めに組んだ予算を変更する権限があなたにないためです。ただし、双方の「主張」を成り立たせる策はなくても、双方の「背景」を両立させる方法はあるかもしれません。それを探ってみることにしましょう。

・両者の妥協点を探す

そのために、まず、相手とあなたの妥協

相手が妥協できる範囲を考える

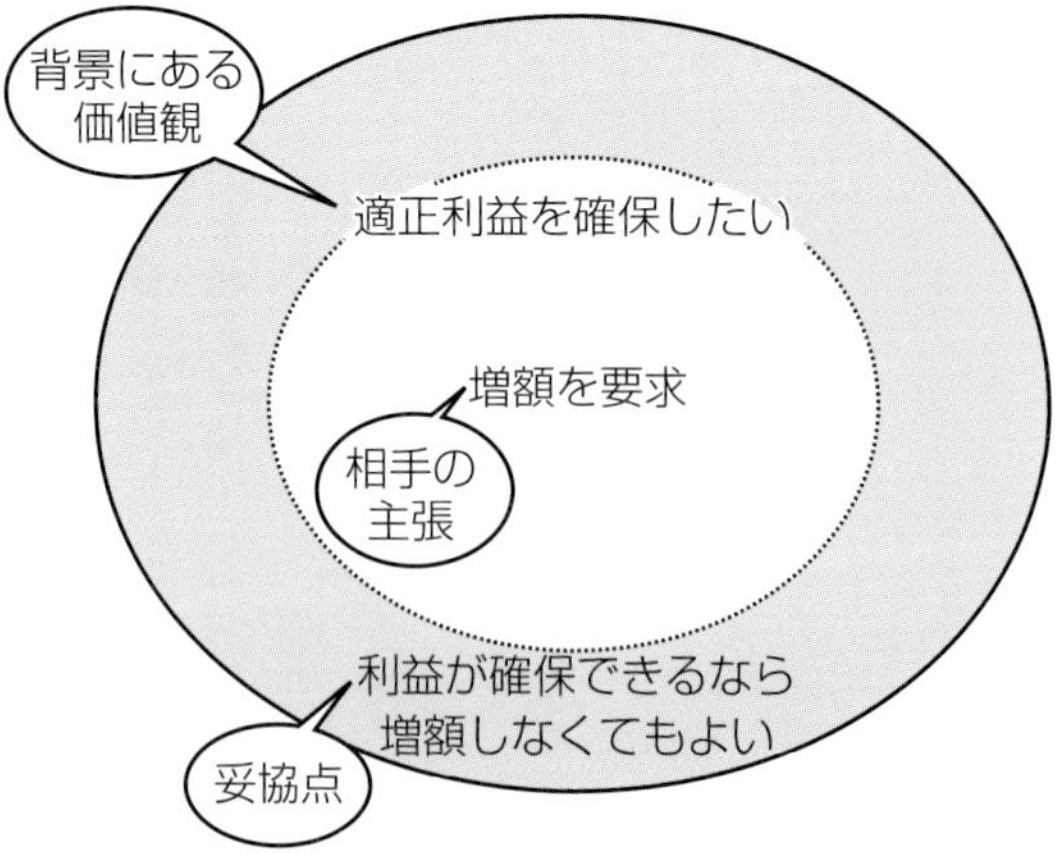

できる範囲を考えます。相手が増額を要求している背景に適正利益を確保したいとの要望があるのであれば、必ずしも増額できなくても「適正利益の確保」という目的が達成できるなら了承してくれる可能性はあります。つまり、ドーナツ状の領域に当てはまる内容を考えます。ここには、「利益が確保できるなら増額しなくてもよい」が入ると思われます。

一方、あなた自身が増額を拒否する背景には、期中での予算変更の権限がないことが挙げられます。さらに言えば、どうしても予算を変更するには、社内調整が必要となります。

そこで、もし社内調整せずに増額する方

あなたが譲れる範囲を考える

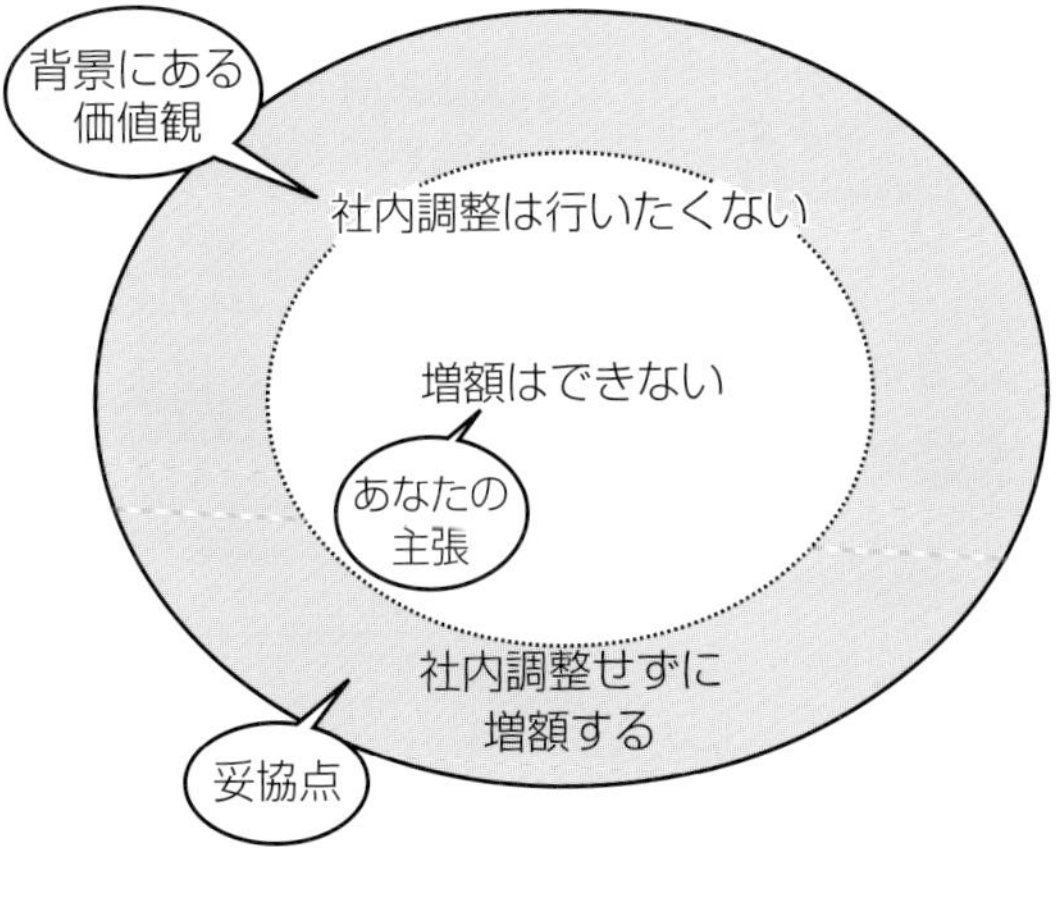
背景にある
価値観
社内調整は行いたくない
増額はできない
あなたの
主張
社内調整せずに
増額する
妥協点

法を見つけることができれば、それでもよいことになります。つまりドーナツ状の領域には「社内調整せずに増額する」が入ります。

・図を精査して交渉の糸口を探る

まず、下の図の「Aの領域」に当てはまる内容を考えます。社内調整をせず増額する道です。たとえば、安易かもしれませんが、上司に社内調整をお願いするという方法があるかもしれません。また、「Bの領域」

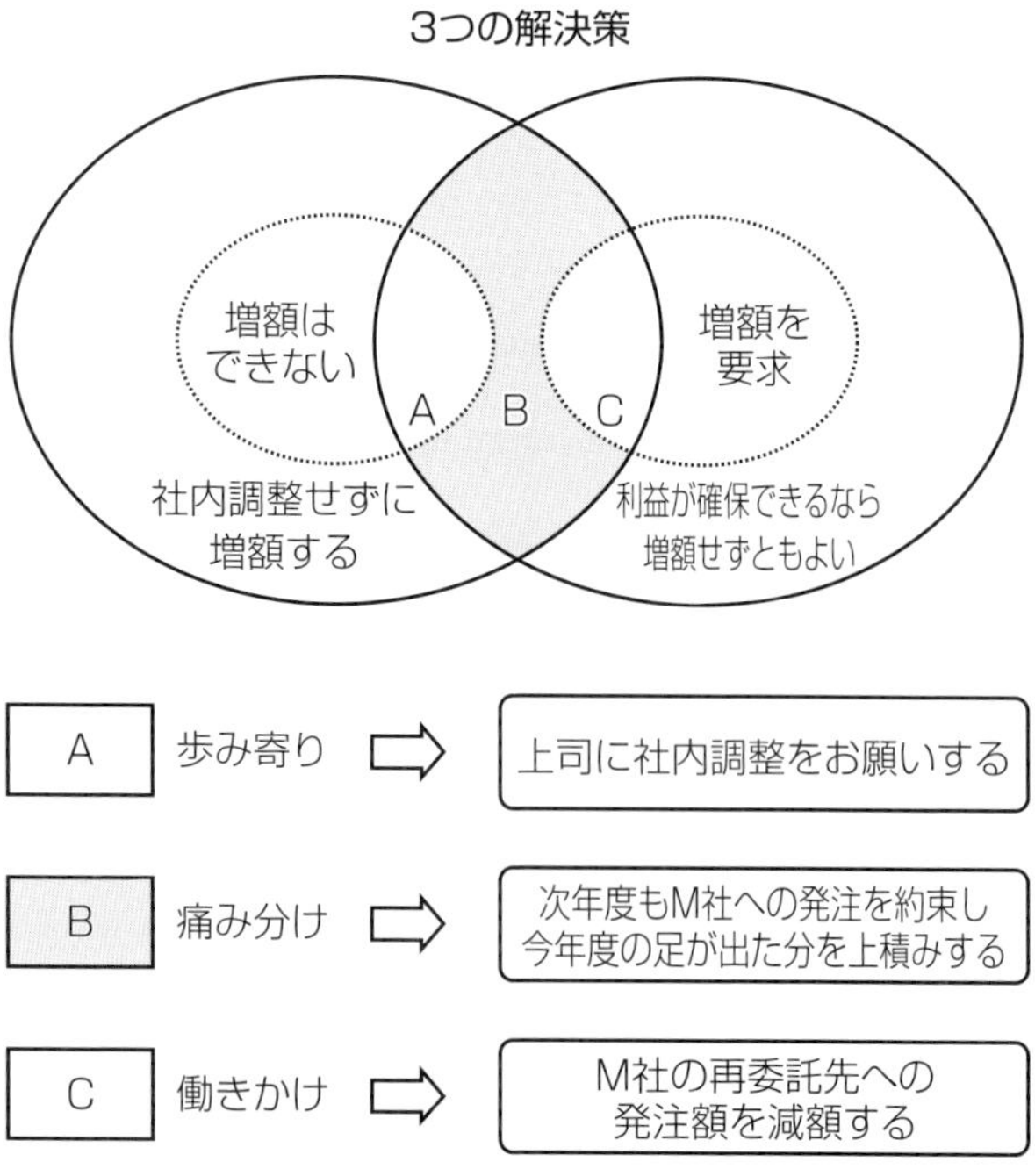

3つの解決策

A	歩み寄り	⇒	上司に社内調整をお願いする
B	痛み分け	⇒	次年度もM社への発注を約束し今年度の足が出た分を上積みする
C	働きかけ	⇒	M社の再委託先への発注額を減額する

は社内調整をせず適正利益を確保する道です。たとえば予算がないのは今年度の話なので、「次年度にもM社への発注を約束するとともに、その際に今年度の足が出た分を上積みする」というのはどうでしょうか。今年と来年を合わせてみればM社にとって妥当な発注額になるし、あなたの会社も次年度の予算編成にはまだ間に合うので対応可能です。M社に働きかける余地はあるものと思われます。

「Cの領域」は増額せずに適正利益を確保する道です。

たとえばM社から再委託した費用の減額交渉をM社にお願いする方法が考えられます。

これらの案の中で最も現実的な案は、「次年度にもM社への発注を約束するとともに、その際に今年度の足が出た分を上積みする」策と考えられます。

［Ⅵ］

プレゼンテーション力を高める

1　プレゼンテーション力を高めるポイント

(1)　4つの能力を総合する

ビジネスパーソンは、周囲を巻き込み1つの目標に向かって一緒に行動するために、自分の考えを相手に伝えるべき局面が数多くあり、意識しなくてもその際にプレゼンテーション力を使っています。たとえば、組織のリーダーであれば組織の目標や方向性を共有するためにメンバーに対して、営業マンであれば今回の新製品がいかに利益を高める、あるいは経費を削減するものであるかを顧客に対して、また、部下であれば自分の働きが組織の売り上げにどれだけ貢献したかを強調するために上司に対して、プレゼンテーション力を用いています。プレゼンテーションの能力はビジネスパーソンなら誰にも求められる基本的な能力と言えます。

思考力が高くても判断力があっても、また意思決定の力があっても、頭の中で作り出した結論なり情報を上手に伝えられなければ何も考えていないのと同じになってしまいます。その意味ではプレゼンテーション力はほかの4つの力を効果的に発揮するための能力とも言えます。

(2) 悩みごと・困りごとに着目

プレゼンテーションには必ず、それを行うための目的があります。新規事業の社内プレゼンテーションであれば、その事業が社の発展にどれほど意義のあるもので、これを実施しなければどれほどの機会損失が生じるかを上層部に伝え、実施を促すことにあります。相手の悩みごと、困りごとに着目し、それを解決する情報を相手に提供するプレゼンテーションができれば、高い効果が期待できるでしょう。逆に、どんなに上手なプレゼンテーションであっても、相手のニーズにあっていなければ効果は全く期待できません。

したがって、相手のニーズを的確に把握したうえで、それを満たす上ではどうすればよいのかを相手に分かりやすく伝えるのがプレゼンテーションにとって大切であり、ニーズの把握、ひきつける着想、納得性の高い方法論の組

基本スキルを効果的に発揮する

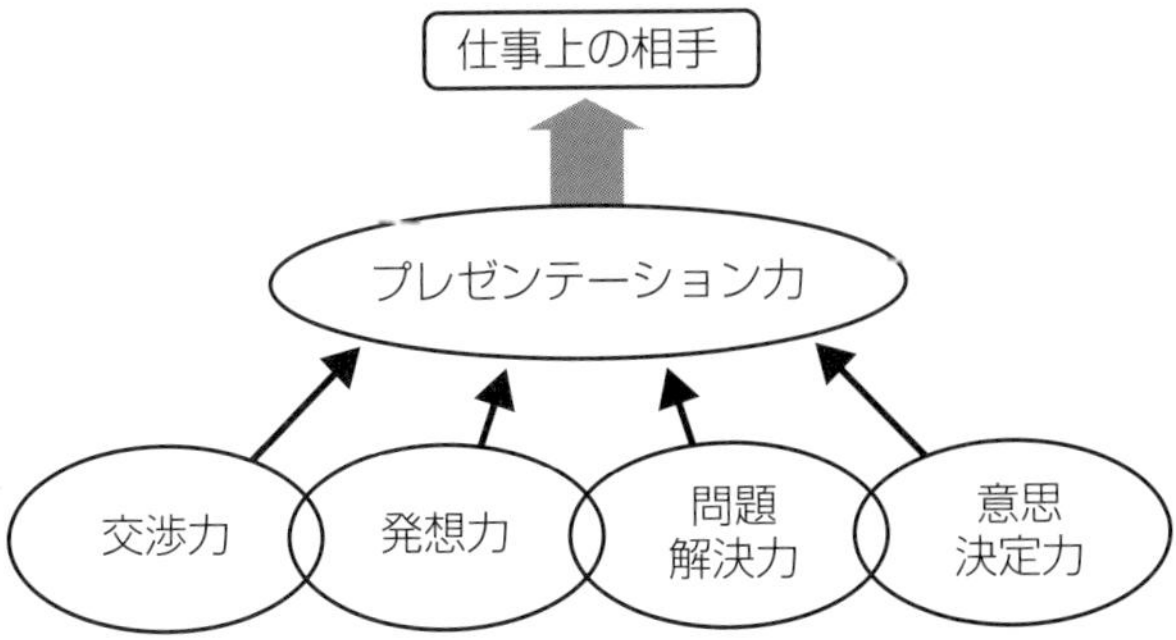
仕事上の相手
プレゼンテーション力
交渉力
発想力
問題
解決力
意思
決定力

み立てなどを行う能力を高めることでプレゼンテーション力が向上します。

・数値で説得力を高める「点グラフ」

プレゼンテーションの多くは、相手の意思決定や行動を促すために行います。そしてこのような働きかけの際に数値を示すことは極めて効果的です。点グラフは本書で紹介する中では唯一、数量データを扱う図解パターンです。X軸とY軸の2軸で表現される点グラフは、大半の人にとって見慣れたグラフであり、伝えたい主張や提案の説得力を高める役割を果たします。

・「要素」と「関係」を整理する「4色マップ」

プレゼンテーションでは、必要不可欠な情報を相手に伝えることが大切です。冗長であっても、不足していても問題です。4色マップは相手に伝えるべき情報の要素が的確であるかをチェックするのに効果を発揮します。4色マップを描きながら伝えるべき要素を頭の中で整理していくことで、効率的に話の組み立てを行うことができます。

・ポイントを浮き彫りにする「マトリクス図」

マトリクス図は分類整理にとくに効果を発揮する図解パターンであり、通常は区切られたすべてのマス目に要素を入れて情報を整理します。ところがほとんどのマス目に要素が入っているのに一部のマス目だけ空白になっていると、そこに何かを埋めなくてはならない、との心理

プレゼン点グラフ

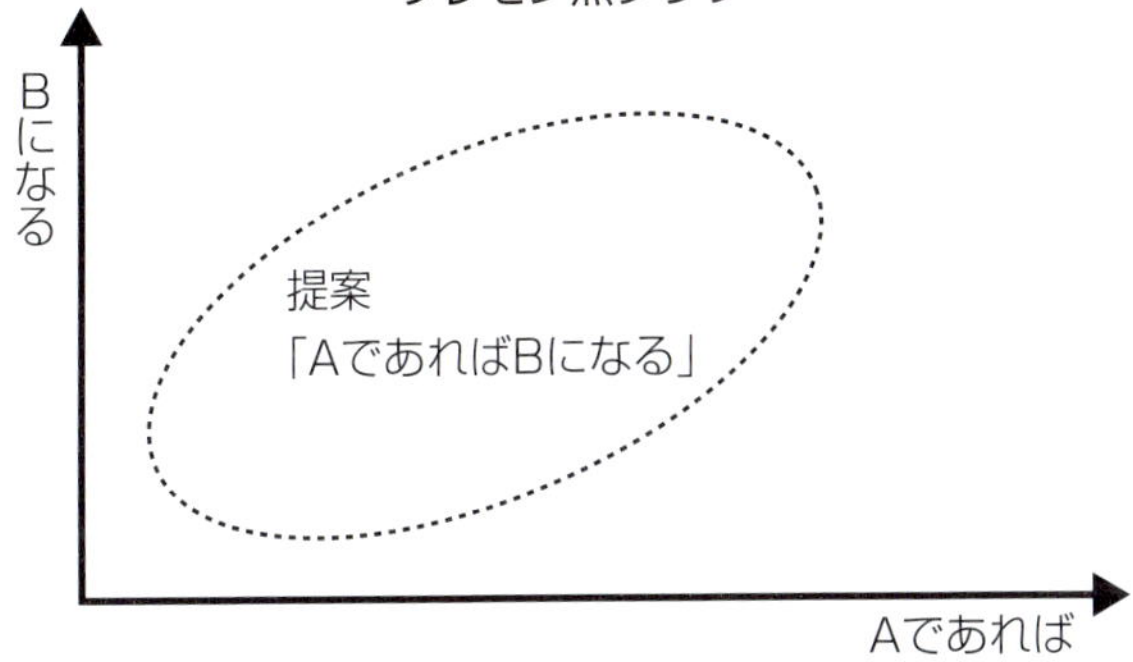
Bになる
提案
「AであればBになる」
Aであれば

プレゼン4色マップ

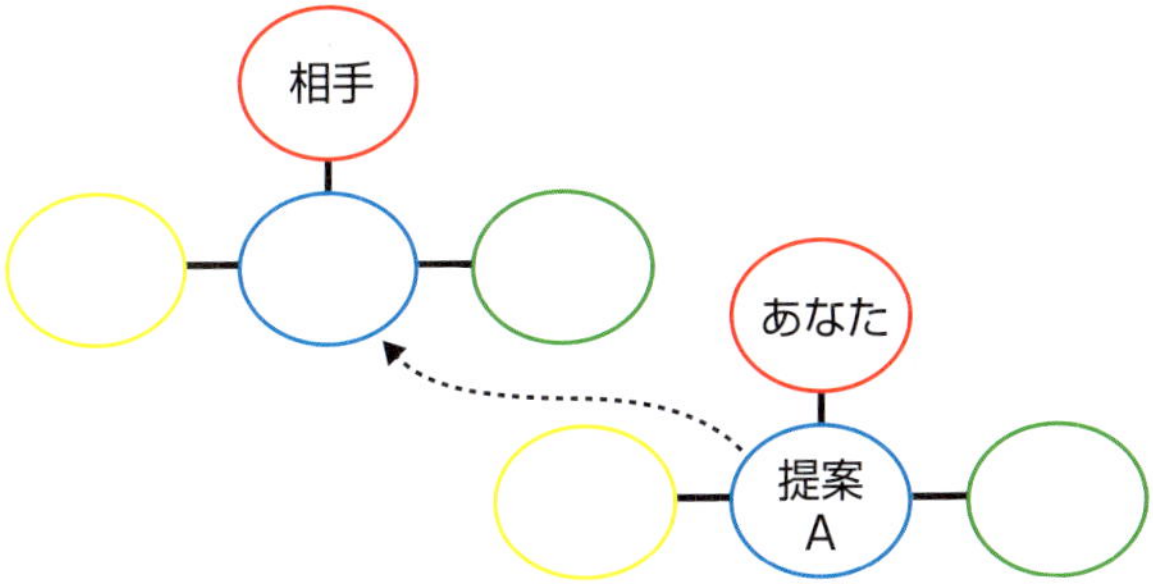
相手
あなた
提案
A

プレゼンマトリクス図

		X軸	
		視点1	視点2
Y軸	視点A	提案（未着手）	着手済み
	視点B	着手済み	着手済み

が働きます。これを利用したのがプレゼンマトリクス図です。プレゼンテーションの考えを組み立てるだけでなく、相手に示す上でもマトリクス図を用いるのが効果的です。

2　数値で説得力を高める［プレゼン点グラフ］

(1)　定量データを示す

上司、部下、顧客のいずれに対しても、あるいは営業、企画、人事、開発などの、どの部署に所属しているビジネスパーソンに対しても、あなたのプレゼンの説得力を高めるのに簡便で効果的な方法があります。それはプレゼンの中で「数値」を用いることです。

内容の是非とは別に、定量的なデータを示されると、人はつい批判的、批評的な態度を止めて、その結果を受け入れがちです。「わが社の今年度の売り上げは昨年度よりも高い」というより、「わが社の今年度の売り上げは昨年度と比べ3割増えた」というほうが説得力がありま す。同じことを伝えるにも数値を使うのと使わないのとでは伝わり方が大きく変わるのです。

(2)　プレゼン点グラフの描き方

手順は、[1]伝えたいメッセージを絞り込む→[2]軸を決める→[3]図を精査してプレゼンの戦略を立てる、です。

自動販売機の営業員を例にしましょう。営業先は都心のフラワーショップとします。飲料の自販機を店先に置いてもらえるよう、店主に働きかけなければなりません。設置費用はフラワーショップにはかかりません。稼動に必要な電気代を少し負担してもらうだけです。場所を提供するだけで、売り上げから原価や機器の維持費を差し引いた自販機による利益の一部がフラワーショップに毎月入ってくる仕組みです。フラワーショップにとっていいことずくめのように思われます。それでも働きかけがうまくいかないのは、どれだけ儲かるのかが見えにくいためのようです。

そこで、営業員は点グラフを用いてプレゼンテーションを行うことにしました。

第一ステップは「伝えたいメッセージを絞り込む」です。

プレゼン点グラフを描くステップ

[1] 伝えたいメッセージを絞り込む

[2] 軸を決める

[3] 図を精査してプレゼンの戦略を立てる

点グラフを描くには2つの軸でメッセージを表現する必要があります。あれもこれも言いたいという気持ちはこらえて、最も伝えたいことは何かを考えましょう。簡単に言えば「自販機を設置してほしい」ということでしょう。しかしこれはあくまで営業員から見たメッセージ表現です。相手に訴えるには、これを相手の立場に変換しなくてはなりません。相手の立場で見れば「自販機を置くことで収入が増える」となります。

第二ステップは、「軸を決める」です。第一ステップで絞り込んだメッセージを、2軸に置き換えます。

・自販機を置く（1軸目）

メッセージを軸に置き換える

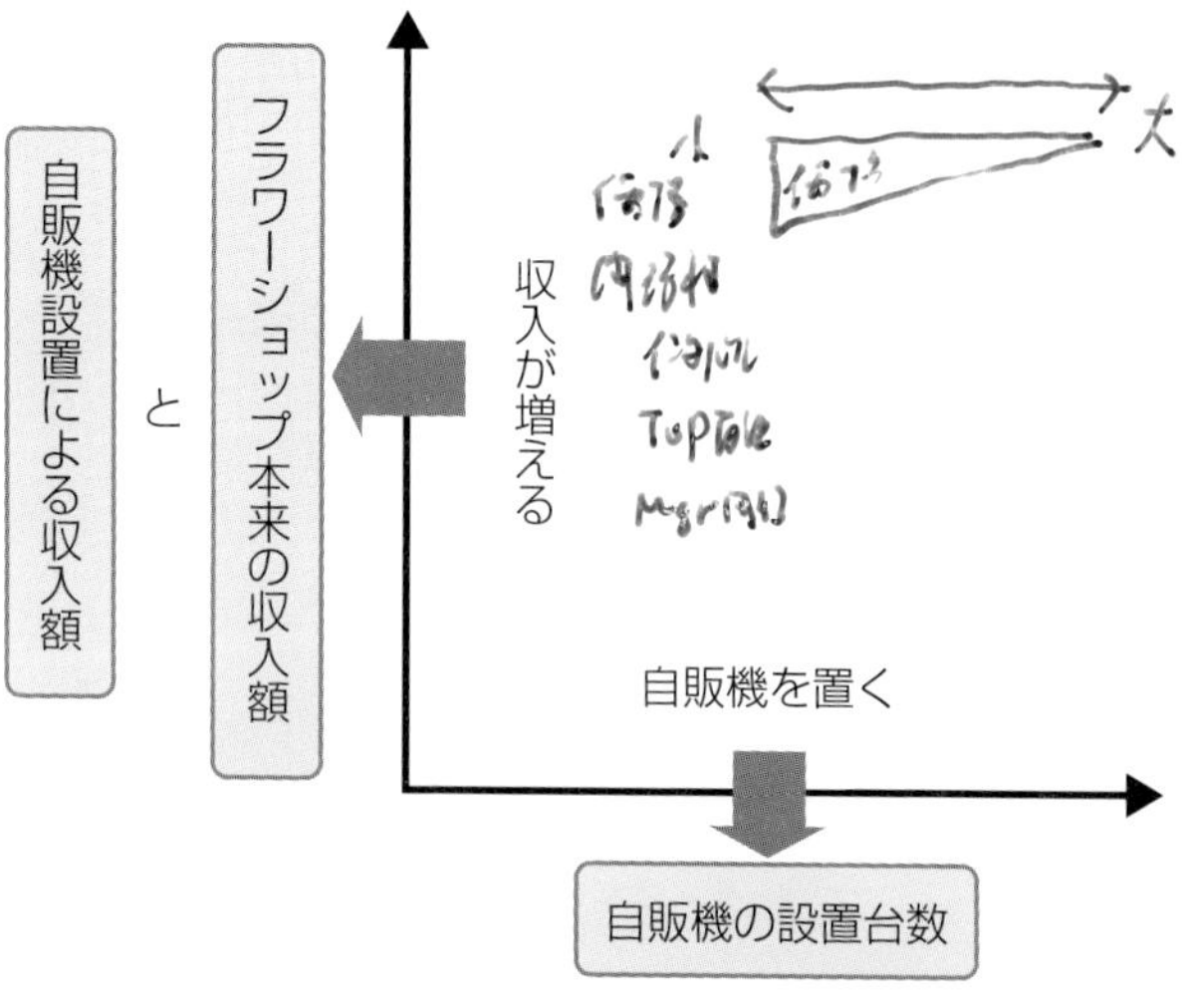

・収入が増える（2軸目）
　として、これらを数量で表すことを考えます。

　自販機は1台でもよいのですが、スペースに余裕があるなら2台でも3台でも置くことが想定されます。そこで、1軸目は「自販機の設置台数」にしましょう。2軸目は、自販機を設置することで増える収入ですから、「フラワーショップ本来の収入額」や「自販機設置による収入額」としましょう。

　第三ステップは「図を精査してプレゼンの戦略を立てる」です。既に自販機を設置してもらった、似た条件（フラワーショップの立地、店の売り上げ規模など）のフラ

2つの視点から説明

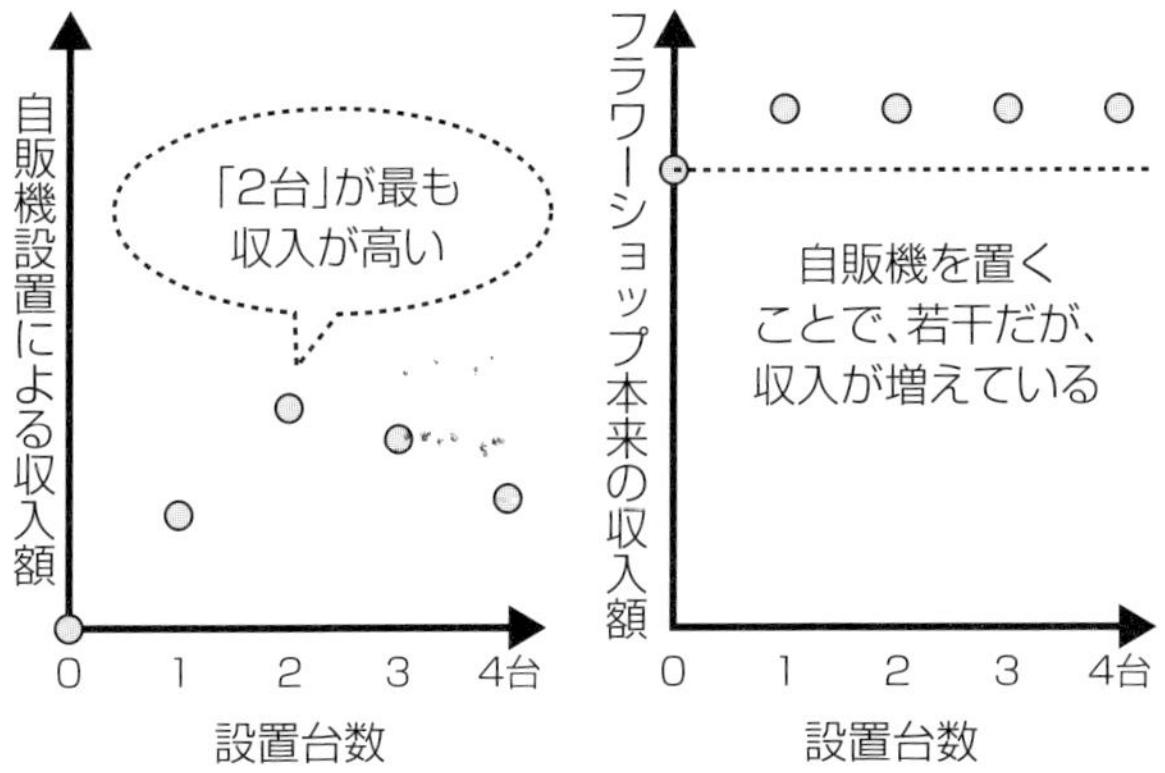
自販機設置による収入額
「2台」が最も
収入が高い
0
1
2
3
4台
設置台数
フラワーショップ本来の収入額
自販機を置く
ことで、若干だが、
収入が増えている
0
1
2
3
4台
設置台数

ワーショップのデータをいくつか拾ってグラフを描きます。

自販機の設置台数の異なる5店の状況を見ると、次のことが言えそうです。

第一に、どの店も自販機を店の前に設置すると自販機収入に加え、フラワーショップ本来の収入も上がっているということです。これは自販機の設置が集客力によい影響を与えている可能性を示唆しています。

第二に台数が多いほど飲料の品揃えが豊富になり、利用が増えるものの維持費も増えるため、台数が多ければ収入が増えるというわけではないという点です。その結果、グラフによると「2台」が最も効果的と分かりました。この情報を伝えつつ営業するのが重要と思われます。

(3)　**【演習例題】複合コピー機のリース導入を売り込む**

> コピー機メーカーの子会社に勤める営業担当のあなたは、同社のコピー複合機のリース契約を増やす業務を行っています。複合機ですから、コピー機やファクス機やプリンタをそれぞれ単体で別々にリースするより、リース代を安くすることが可能です。まだ複合機を導入していない企業をターゲットに同社の製品を利用してもらえるよう点グラフを描き、新規の顧客を増やすための売り込み方を考えてください。

・伝えるべきメッセージを絞り込む

あなたにとって伝えたいのは、「コピー複合機のリース契約を結んでほしい」というメッセージです。まずはこれを相手の立場に立った表現に変えます。あなたの会社のリース製品は、消費電力が少ない上、1枚当たりの出力コストが安いことを売りにしたコピー複合機です。リース代は少々高いですが、コピーやプリンタ、ファクスの使用量が多い会社であればトータルコストは安いタイプ（AタイプとCタイプ）と、逆に1枚当たりの出力コストは高めですが、リース代が低いタイプ（BタイプとDタイプ）もあります。顧客の使用状況に合わせて適したタイプを売り込みたいと考えています。

いずれにしても、「維持費を下げられる」点が相手のメリットでしょう。したがって「同社の複合機をリースすれば現状よりも維持費が下がる」というのが、あなたが相手に伝えるべきメッセージとなります。

・軸を決める

次に、メッセージを表現する2つの軸を考えます。点グラフにするのですから、これは数量で示せるものでなければなりません。

まず伝えるのは「維持費」です。維持費は数値化できますので、1つ目の軸になります。ただし、これは大きく「リース代」と、1枚出力するごとに課金される「カウ

各タイプの違いを比較

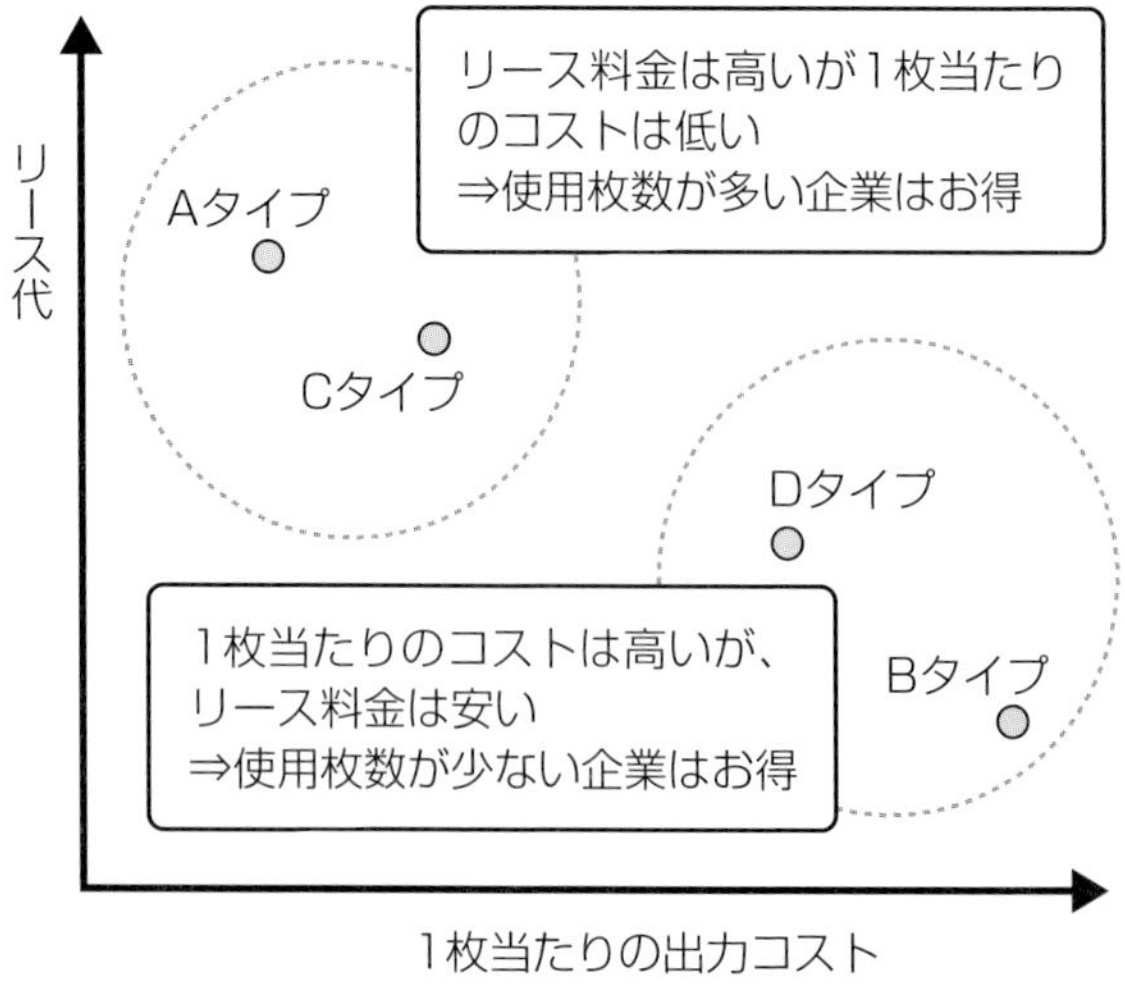

リース代
リース料金は高いが1枚当たりのコストは低い
⇒使用枚数が多い企業はお得
Aタイプ
Cタイプ
Dタイプ
1枚当たりのコストは高いが、リース料金は安い
⇒使用枚数が少ない企業はお得
Bタイプ
1枚当たりの出力コスト

ンター料金」に分かれます。リース代は毎月一定額ですが、カウンター料金は出力枚数が増えればその分だけ費用が高くなります。AタイプとCタイプは、リース料金は高いですが、1枚当たりのコストは低いので、使用枚数が多い企業はお得です。また、BタイプとDタイプは、逆に1枚当たりのコストは高いですが、リース料金は安いので、使用枚数が少ない企業に有利と言えます。「リース代」と「1枚当たりの出力コスト」の2軸でA～Dをプロットすると前ページの図のようになります。

もう1つは複合機のタイプですが、そのままでは数量になりませんから、各機種の典型的な違いである「1枚当たりの出力コ

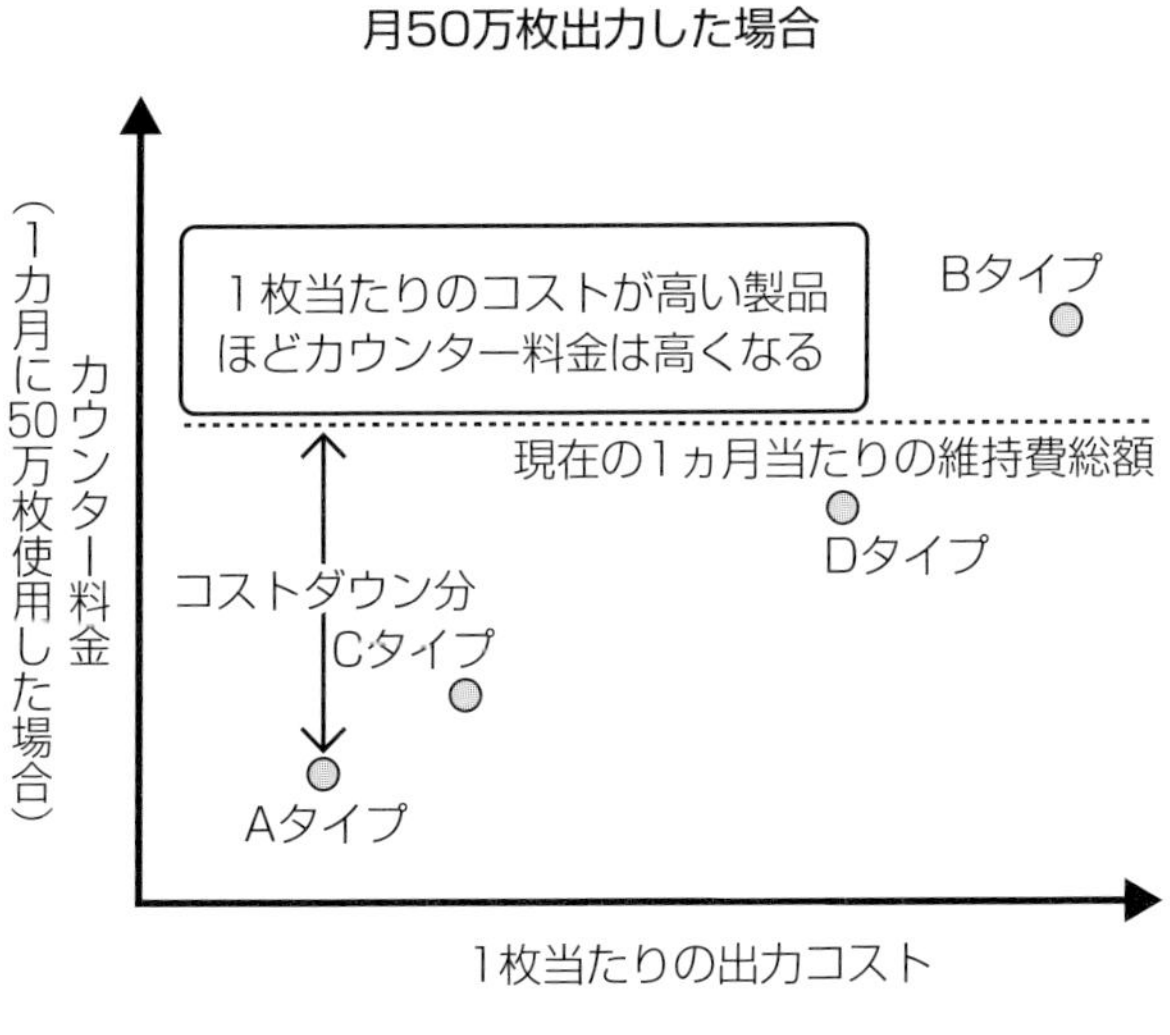
月50万枚出力した場合
カウンター料金
(1カ月に50万枚使用した場合)
1枚当たりのコストが高い製品ほどカウンター料金は高くなる
Bタイプ
現在の1ヵ月当たりの維持費総額
Dタイプ
コストダウン分
Cタイプ
Aタイプ
1枚当たりの出力コスト

スト」をもう一方の軸としましょう。

また、売り込み先の会社の全部署で導入しているコピー機やファクス機などの使用枚数の総数は月平均50万枚ということが分かりましたので、「1カ月に50万枚出力した場合のカウンター料金」と「1枚当たりの出力コスト」の2軸でもプロットしてみました。

・図を精査してプレゼンの戦略を立てる

両者のグラフを足し合わせた上で、売り込み先の会社の毎月の維持費総額（リース代と50万枚の出力に応じたカウンター料金の合計）を聞き、図に示すと前ページのようになりました。Bタイプを除くどの製品に換えても、毎月の維持費は現状よりもコストダウンできる計算になります。中でもAタイプの製品は最も低いコストとなることが分かります。

そこで、Aタイプの複合機に乗り換えると年間の維持費がいくら少なくなるのか（コストダウン分）を計算し、売り込み先を訪問するのがよいと考えられます。

3　「要素」と「関係」を整理する「プレゼン4色マップ」

(1)「メッセージ」「必要性」「メリット」

相手の心に訴えかけるプレゼンを行うために忘れてはならない要素があります。それは「メッセージ」に加え、メッセージの背景にある「必要性」、あなたの主張を受け入れたときに相手が受け取る具体的な「メリット」です。

これらの関係が論理的に整合していて一貫していることで、初めてあなたの主張が意味を持ちます。ここがしっかりしていないとそもそも言いたいことが伝わりません。そしてこれらの基本要素の洗い出しと関係性の整理を行う上で、図解を活用する手があるのです。

プレゼンに欠かせない基本要素

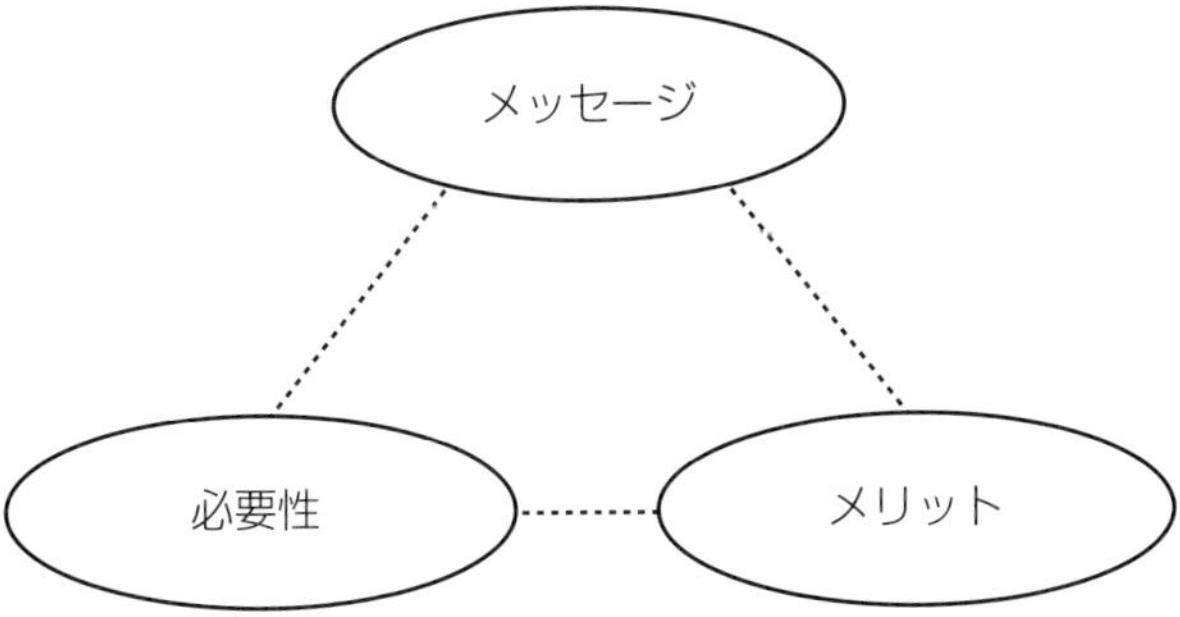

(2) プレゼン4色マップの描き方

相手に伝えるべき要素を整理するには「4色マップ」は最も適した図解手法です。

手順は、[1]相手の状況を整理して把握する→[2]必要性と効果を整理する→[3]図を精査してプレゼンの戦略を立てる、です。

第一ステップは「相手の状況を整理して把握する」です。プレゼンを成功させるには、まず相手をよく知ることから始めなければなりません。

たとえば、オフィス移転の際に、オフィス家具や什器を運ぶだけでなく、パソコンの梱包、書類棚に収められている書類の箱詰めなどをトータルに行う新サービスを、運送業者B社が法人向けに売り込むとします。同社の営業マンは、売り込み先として、近々本社の移転を計画しているA社に目をつけました。そこでA社の引っ越し担当者のニー

プレゼン4色マップを描くステップ

1 相手の状況を整理して把握する

2 必要性と効果を整理する

3 図を精査してプレゼンの戦略を立てる

ズを聞き取ると、次のことが分かってきました。

1つは、引っ越し作業に伴い、日常業務がスムーズに行えなくなるのでは、との懸念を持っていることがあります。以前、本社を現在の地に移転した際、サーバーに不具合が生じ、引っ越し後の半日間、社員全員の業務に支障をきたしたこと、引っ越し前の梱包作業やその後の荷解き作業に従業員が忙殺されたことなどから、A社の業務が円滑に進まず、顧客からクレームがきたことが懸念の背景にあります。

もう1つは引っ越しでは運送業者に加え、廃棄物業者、LAN工事やサーバー再構築のためのIT関連業者、元のオフィスを原状復帰させるための内装工事業者など、数多くの業者を探し出し、業務を委託し管理しなければなりません。このような作業が煩雑であり、何とかして省力化したいと考えているようです。このあたりの情報を4色マッ

A社のニーズ

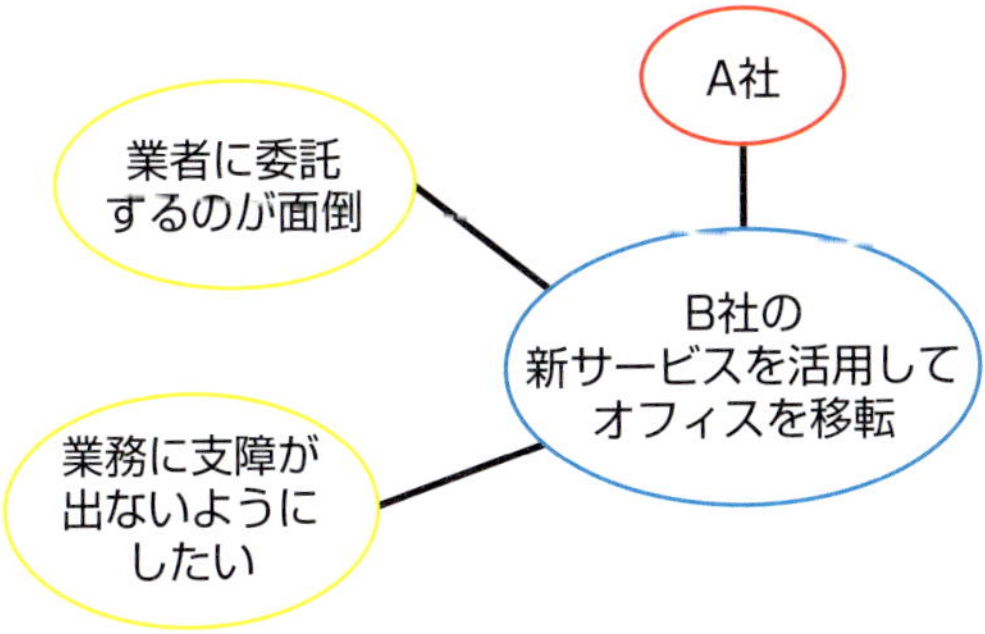
A社
業者に委託
するのが面倒
B社の
新サービスを活用して
オフィスを移転
業務に支障が
出ないように
したい

プの赤い円、青い円、黄色い円で描きます。

第二ステップは「必要性と効果を整理する」です。

引っ越し作業の日常業務への影響を少なくするには、書類などの箱詰め、搬送、荷解き、書棚への書類の収納までを一貫して行うこのサービスは効果的と思われます。ただし担当者の意向を踏まえると、「従業員の引っ越し負担が少ない」という面をアピールするというより、「業務に切れ目が

A社への働きかけのシナリオ

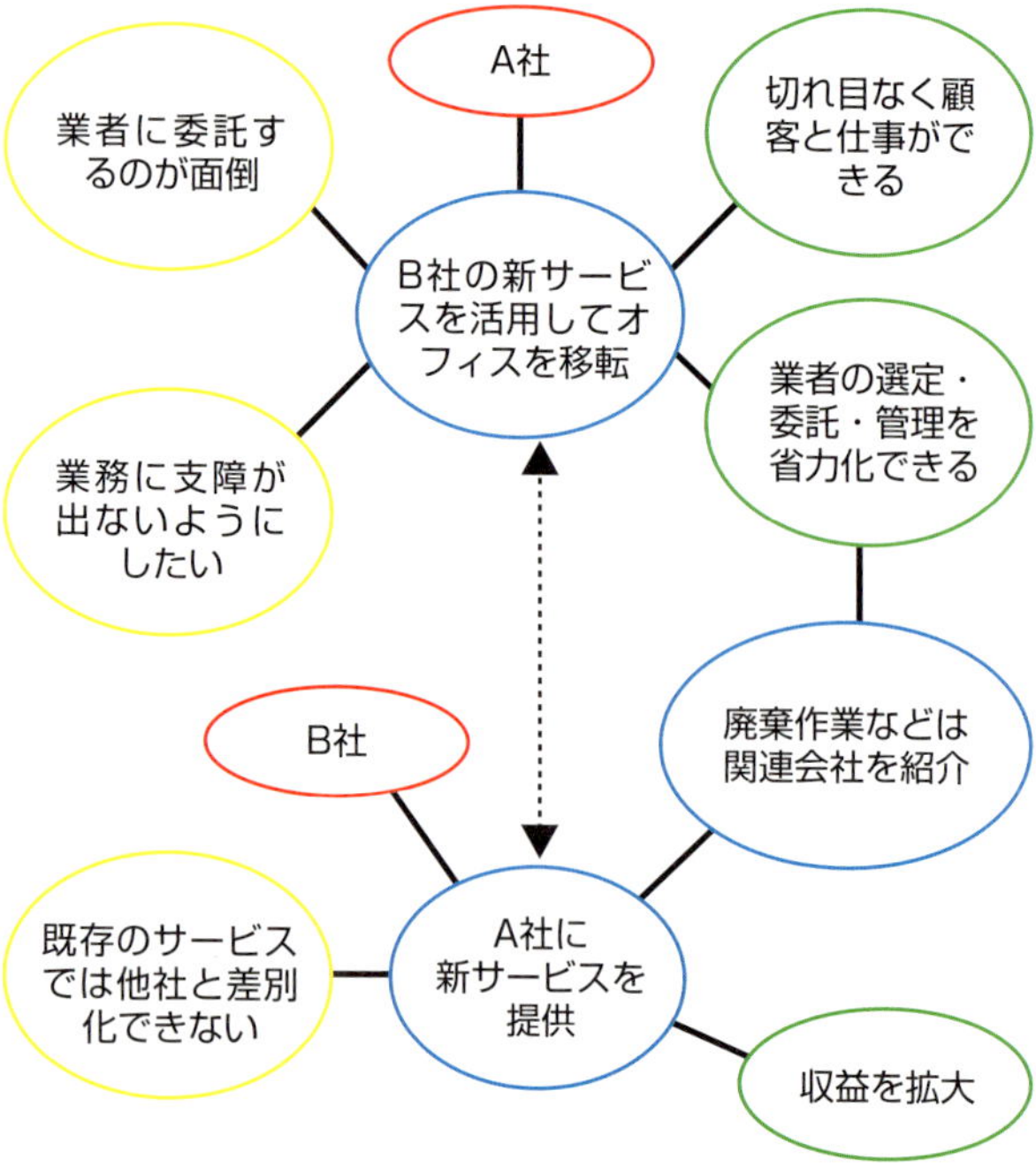
A社
業者に委託するのが面倒
切れ目なく顧客と仕事ができる
B社の新サービスを活用してオフィスを移転
業者の選定・委託・管理を省力化できる
業務に支障が出ないようにしたい
廃棄作業などは関連会社を紹介
B社
既存のサービスでは他社と差別化できない
A社に新サービスを提供
収益を拡大

なく顧客との関係に問題が生じない引っ越しが行える」ということに力点を置いた説明がよさそうです。

また、書類の廃棄やLAN接続、内装工事は残念ながらB社のサービスには含まれていません。そこで、廃棄やLAN接続などは信頼のおける関連会社を紹介することを提案します。これにより、引っ越しに関わる業者を一から探すという担当者の手間が省けることでしょう。これらの考察をもとに図を加筆していきます。

第三ステップは「図を精査してプレゼンの戦略を立てる」です。

図のように、A社の担当者の悩みである委託の面倒さと業務の支障の2点を解決する手伝いをするというスタンスでB社のサービスを売り込むのがよさそうです。

(3)　【演習例題】ホテル前に高速バスの停留所を設置するには？

あなたは、高速バスを運行しているバス会社に対して、あなたの会社が経営しているホテルの前に停留所を設置してもらえるよう働きかけたいと考えています。４色マップを描き、同社のプレゼンの戦略を練ってください。

・相手の状況を整理して把握する

まずバス会社に求めることは、「自社のホテル前に高速バスの停留所を設置してほしい」ということです。バス会社にとっては1人でも多くの乗客を乗せたいと考えているはずですから、前向きに受け取ってもらえる可能性は確かにあります。

しかし、このメッセージが相手の関心につながるためには、一旦、相手の状況を把握し整理するのがよいで

両者の状況を整理する

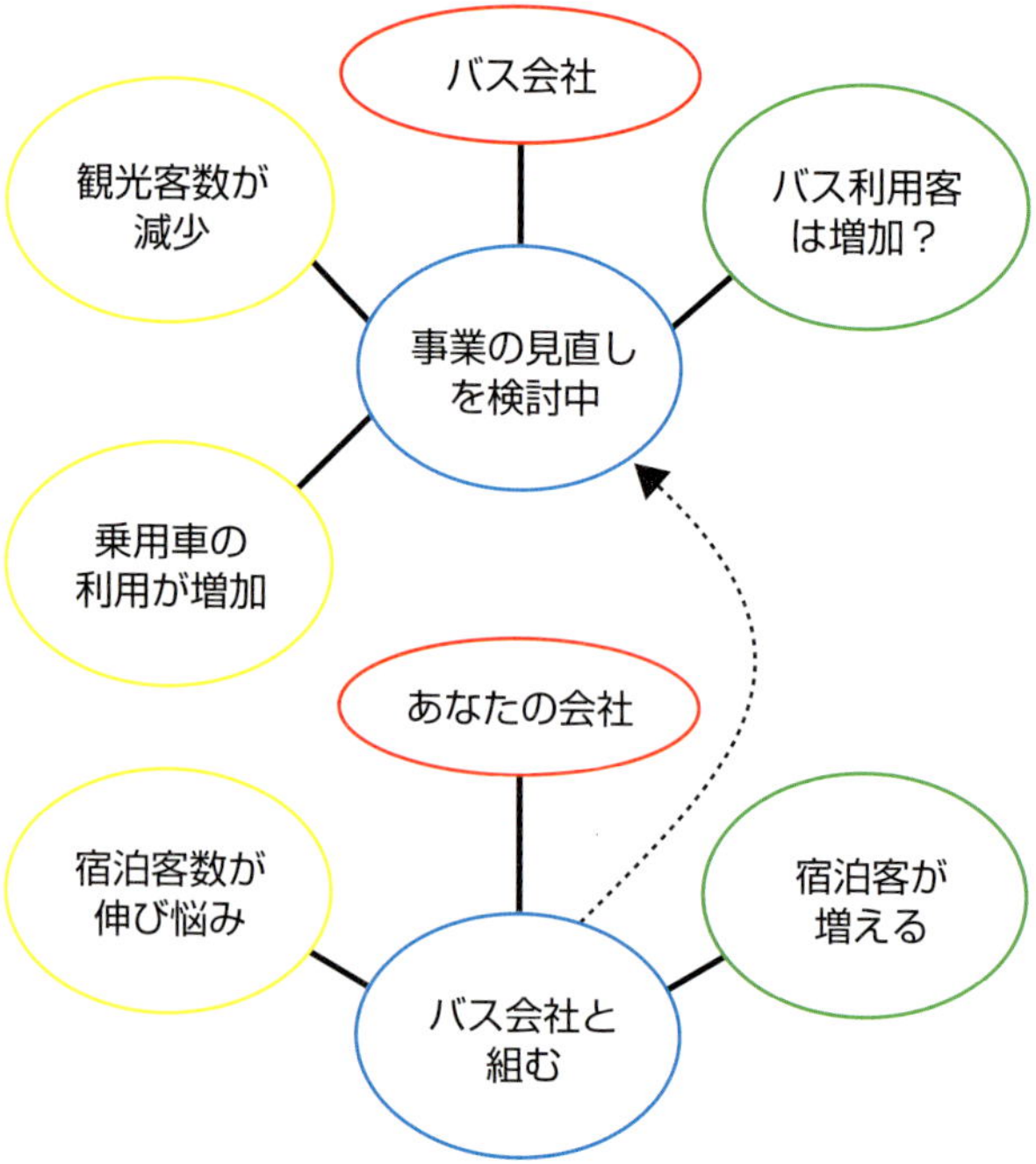

バス会社
観光客数が減少
バス利用客は増加？
事業の見直しを検討中
乗用車の利用が増加
あなたの会社
宿泊客数が伸び悩み
宿泊客が増える
バス会社と組む

しょう。相手の事情を知らずに一方的に主張するだけではピントの外れた提案になってしまいます。

そこで、国内観光客数の近年の動向、輸送手段別の内訳などを調べてみました。すると、このバス会社が運行している圏域では、国内の観光客数は減少傾向にあること、また、乗用車の利用割合が高まっていることなどが分かりました。このままだと観光バスの利用者は減少を続け、圏域内の同業者同士の競合が激化すると予測されます。また、このような状況を踏まえて、このバス会社では事業の見直しを検討していることが分かりました。

一方、あなたの会社としては宿泊客が伸び悩んでいるため、バス会社と組んで宿泊客の増加につなげたいと考えています。これを4色マップで示すと、前ページの図のようになります。

・必要性と効果を整理する

「バスの乗客を増やすためのお手伝い」がバス会社にとってメリットと感じてもらえるためには、その必要性と効果を明確にすることが大切です。観光客の数が減少している中では、「顧客の確保」がまず重要であるという点を訴え、ホテルとの事業連携の必要性を強調することにしましょう。

一方、観光客が減り、自動車利用が増えている中で、バスの利用を増やすにはどのような手があるでしょうか。たとえば、自動車でもバスでもない場合としては鉄道利用がその1つに想定されます。新幹線などの遠距離の鉄道を利用する人と言えば観光客以外にビジネスパーソンがいます。出張などの商用目的の移動では、万が一の事故の際の補償を考えると自動車（レンタカー）を利用するより鉄道のほうが安全であることもその理由の1つでしょう。しかし、それなら高速バスでもよいの

Win-Winを生む提案

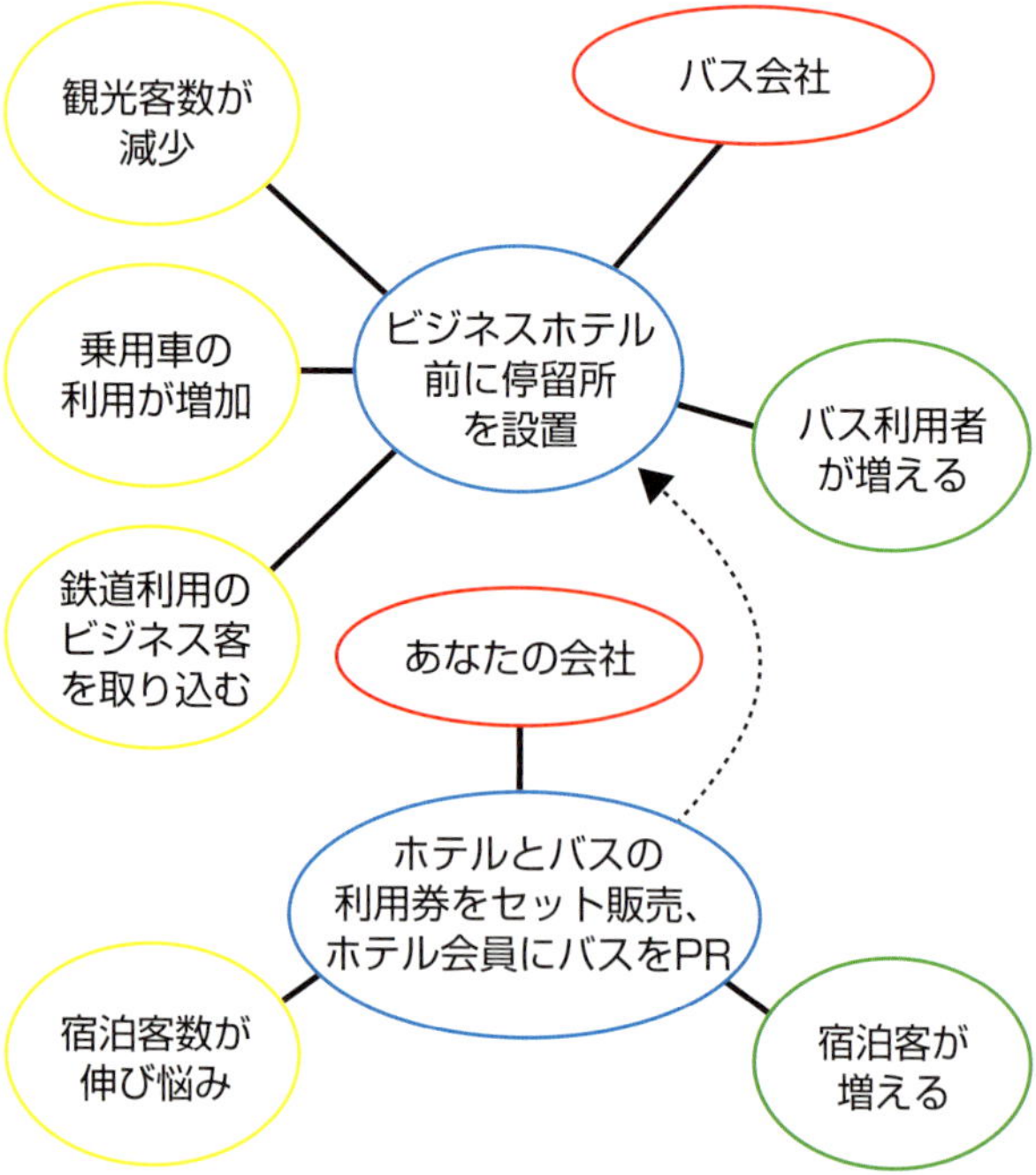
観光客数が
減少
バス会社
乗用車の
利用が増加
ビジネスホテル
前に停留所
を設置
バス利用者
が増える
鉄道利用の
ビジネス客
を取り込む
あなたの会社
ホテルとバスの
利用券をセット販売、
ホテル会員にバスをPR
宿泊客数が
伸び悩み
宿泊客が
増える

ではないでしょうか。つまり、観光客ばかりでなく、現在は主に鉄道を利用しているビジネスパーソン、すなわち、商用目的のお客にターゲットを絞ったビジネス展開を行うことによって新たな顧客層を掘り起こす方策がありうると思われます。

・図を精査してプレゼンの戦略を立てる

このように考えると、あなたの会社が全国に展開しているホテルの中には、ビジネスユースのものも数多く含まれていることに気づきました。この中でバス会社のバスの運行経路に近いホテルを選ぶことにします。

バス利用客を増やす支援を行うというスタンスに立てば、まず、バスのチケットとホテルの利用割引券をセットにして販売することが考えられます。また、ホテルのリピーターである会員向けにバスのＰＲを行うことも可能です。

このあたりをアピールしプレゼンを行うことで、事業連携を働きかけることにしましょう。

4　ポイントを浮き彫りにする［プレゼンマトリクス図］

(1)　未開拓の領域に注目させる

あなたが新しい取り組みを関係者に提案して注目させるには、本来やるべきことなのに、それが未だになされていないという点を強調する方法があります。なされていないのには合理的な理由があるという面もあります。しかし、既に行われていることの延長線上の取り組みよりも、まったく手がつけられていない取り組みのほうが周囲の注目度は高まります。

実際のところ、これまでにない、まったく新しい取り組みは少ないのですが、プレゼンの仕方によってはそのように見せることが可能です。また、マトリクス図で整理することで、未開拓領域に該当する新たな提案内容を考えつく効果もあります。

とりわけ、新事業、新商品、新サービス、新しい取り組みを行うプレゼンテーションであれば、これまでの事業、商品、サービス、取り組みとの違いを際立たせることで、提案の価値を高める力が働きます。

(2) プレゼンマトリクス図の描き方

未開拓の領域を際立たせるための情報を整理するには、「マトリクス図」は最も適した図解手法です。手順は、①軸を設定する→②マス目を埋める→③図を精査してプレゼンの戦略を立てる、です。

第一ステップの「軸を設定する」では、メッセージを明確かつ簡潔に（できれば一言で）表します。たとえば、ある会社の総務部で、エコ対策とコスト削減のために、室内照明をこまめに消す取り組みを全社員に対して働きかけたいと考えているとしましょう。夜は残業を極力減らして、室内照明の消灯時間を早くすることがまず考えられます。最後の退出者が消し忘れることのないよう、消灯記録をつけることも重要です。しかし、これらの取り組みは同社では既に行われています。まだ未着手の取り組みとしては昼休みの消灯が挙げられます。この点に絞って、伝えたいこ

プレゼンマトリクス図を描くステップ

1 軸を設定する

2 マス目を埋める

3 図を精査してプレゼンの戦略を立てる

とを分解します。

このとき、ほかの要素が既に着手している領域になるような軸の設定になっているかどうかをチェックしながら進めます。この例で言えば、コスト削減の対象としては「コピー」と「電気」の2つがあります。また、削減の仕方としては全体的に減らす方法と部分的にゼロにする方法が想定されます。

第二ステップは「マス目を埋める」です。コピーを「全体的に減らす」方法としては、1ページに2ページ分を縮小して割り付けつつ、両面で出力するルールを設けていることです。コピーで「部分的にゼロにする」方法としては、社内会議に限り原則ペーパーレスとし、会議資料はプロジェクターで映すことにしている点です。これらによりコピーの出力量をかなり減らすことができました。電気で「全体的に減らす」方法としては、社内の電灯を消費電力の少ないLEDランプにすべて切り替えた点です。

「部分的にゼロにする」方法としては、夜間については消灯記録の励行、残業時間の短縮化で、ある程度の効果が見られていますが、昼間の対策は手つかずでした。

第三ステップの「図を精査してプレゼンの戦略を立てる」では、図の中でまだ取り組んでいない領域に着目し、対策を考えます。

具体的には「昼休み中は電灯を消灯する」というルールを社内に徹底させることが考えられます。また、隣接している2つのマス目の内容を眺めてみると、LEDランプの導入（B）やプロジェクターなどの活用（C）は、機器などを用いることでコスト削減につなげる方法であることに気づきます。

同じ発想に立てば、トイレなどには長時間人の出入りがないと自動的に消灯す

未着手の領域と対策

		コスト削減の対象	
		コピー	電気
シェイプアップ策	全体的に減らす	原則、両面で2アップ　(A)	すべてLEDランプにする　(B)
	部分的にゼロにする	会議資料はプロジェクターを使用　(C)	未着手

その2 トイレなどを自動的に消灯するを

その1 昼休み中は電灯を消灯する

る仕組みを導入する方法も考えられます。

(3)【演習例題】アジア向け不動産開発の新事業を提案する

あなたの会社はアジアの新興国に対して、不動産開発の事業展開を行う計画を立案中です。あなたは、社内プレゼン資料の冒頭には本プロジェクト提案と、これまでの自社ならびに競合他社の事業との違いを明確にしつつ、発表したいと考えています。プレゼン内容をまとめるためのマトリクス図を作成してください。

・軸を設定する

新興国での大規模な住宅開発は、まだわが国の同業他社が本格的に乗り出していない事業領域であるとあなたは考えています。そこで、この領域への展開を社内会議で提案するつもりです。

次に提案しようと考えている内容をマトリクス図に位置づけられるよう、2つの軸を考えます。伝えたいこと以外は、すべてマス目が埋まるように軸を設定するのがポイントです。たとえば、海外展開の進出先としては既に欧米の先進国が先行しています。そのため、1つの軸としては「海外進出エリア」、また、その項目として「欧米」と「新興国」の2つが挙げられます。

一方、新興国に対してもマンション単体の開発は他社で実績が見られます。そこで、もう1つの軸としては「開発タイプ」が考えられ、「点開発（マンション単体）」と「面開発（住宅団地）」の2つが挙げられます。

これらの軸を組み合わせてできる4つのマス目に当てはまる要素を入れます。

・マス目を埋める

欧米向けのマンション開発としては、N社、P社が駅前型の賃貸マンションの開発

不動産開発の軸の設定

		海外進出エリア	
		欧米	新興国
開発タイプ	点開発（マンション単体）		
	面開発（住宅団地）		

マス目を埋める

既存事業の分析と新規事業のアイデア

開発タイプ		海外進出エリア：欧米	海外進出エリア：新興国
開発タイプ	点開発（マンション単体）	**駅前型賃貸マンション** （N社、P社） **超高層分譲マンション** （K社、L社）	**中高層分譲マンション** （N社、U社） **低層賃貸マンション** （M社） 高額所得層をターゲットとした質の高いマンションが多い
開発タイプ	面開発（住宅団地）	**省エネ型住宅団地** （M社、Y社） **小規模分散型発電システムを中心にした住宅街の整備** （G社） 地球環境にやさしい住宅団地開発が増えている	**未開発** 富裕層向けで環境配慮型の住宅団地開発

を行っています。また、近年、超高層の分譲マンションをK社、L社が建設しています。アジアの新興国向けのマンション開発も見られます。N社とU社が中高層の分譲マンションを建設していますし、M社が低層賃貸マンションを建設しています。

一方、住宅団地開発としては、欧米に省エネ型住宅団地をM社とY社が開発しています。また、小規模分散型の発電システムを中心にした住宅街の整備をG社が展開しています。

・図を精査してプレゼンの戦略を立てる

このようにしてみると、新興国への住宅団地開発が未開拓領域として残されていることが明らかです。また、新興国のマンション開発の傾向を見ると、高額所得層をターゲットとした質の高いマンションが多いことに気づきました。一方、欧米に展開している近年の住宅団地開発では、太陽光パネルが屋根に設置され、断熱性能の高い壁材を用いた省エネ効果のある戸建住宅が標準形とされており、地球環境にやさしい住宅団地開発が増えているようです。

これらの点から「富裕層向けで環境配慮型の住宅団地開発」の可能性が見えてきました。具体的な事業内容を検討するには、もう少しリサーチを進め詳細な分析が必要ですが、新興国への不動産開発では、面開発を今後の力点に置くことを社内の関係者に訴えることができそうです。

奥村隆一（おくむら・りゅういち）
三菱総合研究所主任研究員。1968年神奈川県生まれ。一級建築士。1994年早稲田大学大学院理工学研究科修士課程修了。同年、三菱総合研究所に入社。少子高齢問題、介護問題、地方自治政策に関わる研究を行う。著書に『自分の考えをまとめる技術』『自分の考えをまとめる練習ノート』『図解　人口減少経済　早わかり』（以上、中経出版）、『５つの図でスッキリ解決！考えを整理する技術・伝える方法』（PHP研究所）、『都市・地域の新潮流—人口減少時代の地域づくりとビジネスチャンス』（共著、日刊建設工業新聞社）、『徹底予測 これが新成長ビジネスだ！—日本をリードする55のフロンティア』（共著、日本経済新聞出版社）などがある。

日経文庫1241
考えをまとめる・伝える 図解の技術
2011年６月15日　１版１刷

著者　奥　村　隆　一
発行者　斎　田　久　夫
発行所　日本経済新聞出版社
http://www.nikkeibook.com/
東京都千代田区大手町1-3-7　郵便番号100-8066
電話（03）3270-0251（代）

印刷　広研印刷　　製本　星野製本

ISBN978-4-532-11241-7